密約の戦後史

日本は「アメリカの核戦争基地」である

戦後再発見双書

新原昭治

創元社

密約の戦後史——日本は「アメリカの核戦争基地」である　目次

凡例　引用中の〔　〕内は著者または編集部が補った言葉。太字・傍点も編集部によるものです。

序章

国民をあざむく国家の闇

1945年9月2日、戦艦ミズーリ上で降伏文書に署名する重光葵

戦時中の軍国主義のウソ

あなたは核密約や、アメリカとの秘密の取り決めに、なぜ関心を持つのですか、と聞かれることがあります。

私自身は第二次世界大戦（アジア・太平洋戦争）中の苦い体験、とくに国民のほとんどが戦前の軍国主義によってだまされていたことへの反発、それにくわえて敗戦前の日本という国家が持っていた根本的な非人間性への嫌悪感が、その背景になったと考えています。

私が長年おこなってきた密約研究の土台には、国家のウソによって国民がふたたび戦争への道を歩まされることになるのは、絶対に許せないという気持ちが、たしかにあったのです。

私は一九三一年（昭和六年）に福岡市で生まれました。敗戦の報を知らされたのは、中学二年の八月一五日、日本軍（西部軍管区司令部）が大規模に移転してくる予定地だった福岡市郊外の山あいの場所で、塹壕掘りをしていたときでした。

あの戦争の末期は、戦時の勤労動員の連続で、まともな授業もほとんどなく、軍の飛行場建設とか、ガソリン不足を補う軍用燃料の松根油づくりの作業とか、ほとんど勉強もできない毎日でした。

私は九人兄弟の末っ子で、兄たちは戦時中あいついで、中国やインドネシアなどに派兵されていきました。

三番目の兄が、〝白骨街道〟の異名でのちに知られることになるビルマ（現ミャンマー）戦線への派遣の日を、軍内部で暗い気持ちで指折り数えていたことも、戦後になって知りました。いとこたちが、何人もあいついで戦死しました。東京の蒲田に住んでいた叔母は敗戦の年（一九四五年）の四月、大空襲で焼死し、その三人の息子たちもみな、海外の戦場で生命を落としました。

私自身も戦争末期、福岡市内で米軍機の夜間空襲にあいました。B29爆撃機から空気を切り裂くような鋭い金属音を発しながら落下してくる焼夷弾の束を、

「次は自分の頭上に落ちてくるのではないか」

と恐怖しながら真っ暗な防空壕の中で震えつづけていたのです。

戦争末期に強く記憶に刻まれた出来事として、こんなこともありました。七歳年上の兄は、幼いときに左手を大手術し、そのあと腕が不具合になっていたので、兵隊にはとられないだろ

うと家族は考えていました。ところが召集令状が舞い込んで、自宅前の応召式（召集に応じた出征兵士の壮行式）で町内の人びとから万歳の声で見送られ、入営していきました。

ところがその晩遅く、真っ暗になってから、本人が泣きながらこっそり家に戻ってきたのです。話を聞くと、左手の不具合が原因で、軍隊では〝使いものにならない〟と言われ、帰されたとのこと。それから兄は一晩中、家族が誰もいない小部屋の片隅にうずくまって、いつまでもいつまでもひとりで泣いていました。

それは戦時下の軍国主義社会においては、あまりにも辛いできごとだったのです。戦争当時の過酷な雰囲気をご存じない世代の方には、兄のそのときの極限ともいうべき辛い思いを想像しにくいかもしれませんが、その晩、いつまでもひとりすすり泣いていた兄の姿は、長らく私の脳裏から消えることがありませんでした。

それからずいぶん長い年月が経って、いつだったか私が郷里を訪ねた折り、その兄に思い切ってそのときのことを尋ねてみました。そしたら兄は、

「あのときは、死のうと思っていた」

とポツリと言ったのでした。

ああ、兄はあのとき、自分の命を絶とうとまで考えていたのかとあらためて知り、どんなにか自分で自分を苦しめていたのだろうと思うと、気の毒でなりませんでした。

戦争が終わるまでは、私もまた軍国少年でした。

しかし敗戦後、空襲の恐怖から解放された安堵の気持ちとともに、日本がおこなった侵略戦争の実際を目の覚めるような思いで知らされ、朝鮮の人びとを植民地支配のもとに置いて苦しめたことや、中国をはじめとするアジア諸国に対し、長いあいだ正義のない侵略戦争をおこなったことを、しだいに認識させられていきました。そして戦争と軍国主義という存在そのものへの大きな疑問が、その後も長く私の心の中にいすわりつづけることになったのです。

というのも、戦時中は先生も政府も天皇も新聞もラジオも、つまり「大人」たちすべてが、あの戦争を「聖戦」とわれわれに教え込んでいた。ところが敗戦を機に、突如としてあれは偽りだったと明かされたときの衝撃。その大きさは、ただ簡単に「わかった」というわけには、とてもすまないものでした。

そしてさらに時間が経つと、そうした一時的な衝撃を超えた「なぜ」という根本的な疑問が、あとからあとから湧き出てきたのです。

いったいどうすれば、あの侵略戦争のような重大な誤りを、二度と国家に繰り返させないようにできるのか。国家のウソによって国民がふたたびだまされ、戦争に加担させられるのを防ぐには何が必要か、などという大きな問題を背負い込むことになったのです。

私の父は戦時中、急病で他界し、父親代わりの長兄が生活の面倒を見てくれていたのですが、その兄から高校三年生になったとき、お前は大学に進学して勉強をつづけてよいと言ってもらいました。そのとき大学でいちばん研究したいと思ったのも、やはりこの問題でした。

日本の主権を侵害する日米安保条約の締結

一九五〇年に私は九州大学に入り、心理学専攻の道を選択しました。この学問を勉強すれば、先にのべた、

「どうすれば、国家のウソによって国民がふたたびだまされ、戦争に加担させられるのを防ぐことができるか」

という、大きな問題への答えもみつかるのではなかろうかと思ったからでした。

ところがその大学二年目の一九五一年秋、私は学内で、思いもよらない事件に遭遇し、深刻な衝撃を受けることになったのです。

それはその年の九月、戦後日本がサンフランシスコで結んだ二つの条約に関係した事件でした。

二つの条約というのは、一つは日本の敗戦に伴う戦後処理としてサンフランシスコで調印された対日平和条約（いわゆる「サンフランシスコ平和条約」）、もう一つは、同日、同じサンフラン

シスコで吉田茂首相が、アメリカ政府から秘密のうちに押しつけられ、いいなりのまま調印した日米安保条約でした。

ここで少しその二つの条約について簡単にご説明しておきましょう。

対日平和条約は一九五一年九月八日、日本政府が派遣した六人の全権（交渉の全権限をまかされた政府代表）が出席して調印されました。サンフランシスコ中心街のオペラハウスでおこなわれた華やかな調印式が大々的に報じられました。当時、新聞は、これは日本が始めたアジア・太平洋戦争を〝法的に終わらせる条約〟だと報じました。

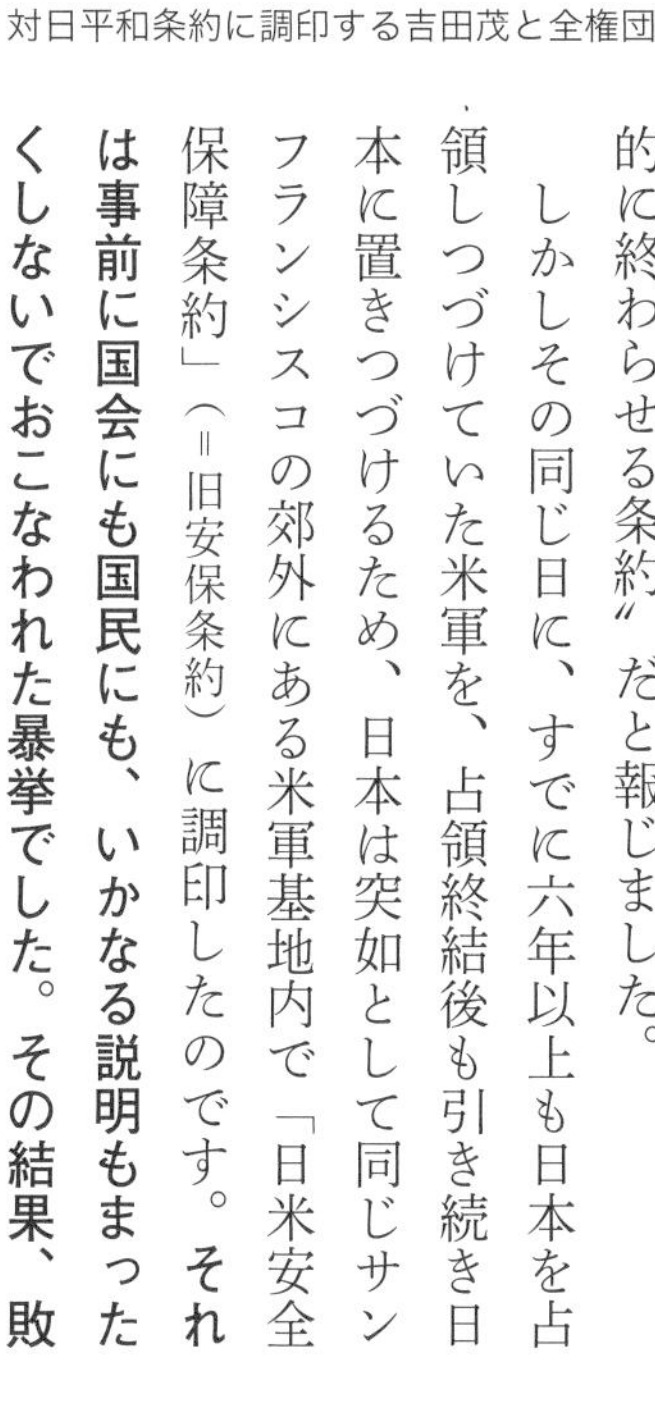

対日平和条約に調印する吉田茂と全権団

しかしその同じ日に、すでに六年以上も日本を占領しつづけていた米軍を、占領終結後も引き続き日本に置きつづけるため、日本は突如として同じサンフランシスコの郊外にある米軍基地内で「日米安全保障条約」（＝旧安保条約）に調印したのです。**それは事前に国会にも国民にも、いかなる説明もまったくしないでおこなわれた暴挙でした。その結果、敗**

戦後の占領時代とほとんど変わらない大規模な米軍基地が、占領が終わったあともそれまで通り日本中に存続することとなり、国民のあいだに大きな衝撃が走りました。

なぜ占領時代にあった米軍基地を、そのまま日本におき続けるなどということができたのか。それはまず、対日平和条約の第六条に、この条約は占領終結後も「外国軍の日本駐留を妨げるものではない」という一文が記され、それを受けて日米安保条約が結ばれるという条文上のしかけも用意されていたからです。

はっきりと反対していた多くの学者たち

すでにその一年半以上も前の一九五〇年一月には、学者たちが「平和問題談話会」の名で声明を発表して、平和条約発効後の米軍基地の存続は、絶対に認めてはならないと表明し、公正な条約の締結を強く要望していました。

声明には、安倍能成、鶴見和子、中野好夫、久野収、羽仁五郎、丸山真男、都留重人、鵜飼信成、桑原武夫、大内兵衛、田畑忍ら、日本を代表する著名で権威のある学者たち三五名が名を連ね、次の通り訴えていたのです。

「今後における日本の民主化の一層の発展が日本国民自身の責任と創意の下においてのみ可能である。（略）それは、日本国民が講和〔＝平和条約の締結〕の確立を通じて世界の諸国民との間に自由な交通と誠実な協力との関係を樹立することをもって必須の条件とする。今や講和の確立及び占領の終結は一切の日本国民の切迫した必要であり要求である。

けれども講和が真実の意義を有し得るには、形式内容共に完全なものであることを要し、然らざる限り、仮令名目は講和であっても、実質はかえって新たに戦争の危険を増大するものとなろう。この意味に於いて、講和は必然的に全面講和〔＝西側諸国とだけではない、ソ連や中国なども含めた平和条約の締結〕たるべきものである」

「中立不可侵も、国際連合への加入も、すべて全面講和を前提とすることは明らかである。単独講和または事実上の単独講和状態に付随して生ずべき**特定国家との軍事協定、特定国家のための軍事基地の提供のごときは、その名目がなんであるにせよ、わが憲法の前文および第九条に反し、日本および世界の破滅に力をかすものであって、われわれはとうていこれを承認することはできない。**日本の運命は、日本が平和の精神に徹しつつ、しかも毅然として自主独立の道を進む時にのみ開かれる」

この声明は結びでも、

「**理由のいかんによらず、いかなる国に対しても軍事基地を与えることには、絶対に反対する**」

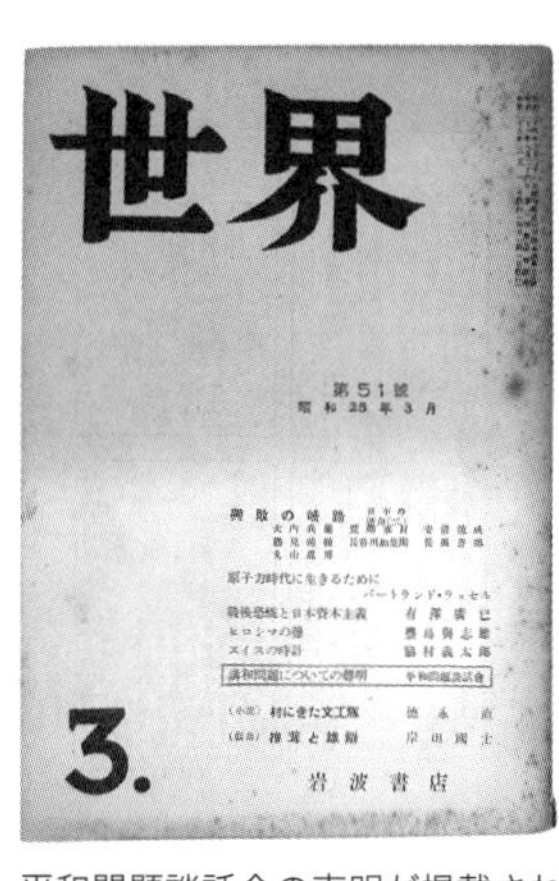

平和問題談話会の声明が掲載された雑誌『世界』1950年3月号

と強調していました（雑誌『世界』一九五〇年三月号、「　」内の太字は引用者、以下同）。

ところが、サンフランシスコで調印された対日平和条約は、アメリカを中心とする旧連合国の一部だけとの条約となり、そこにはすでにのべた通り、米軍駐留の継続を正当化する条文があり、さらにそれに加えて、平和条約が締結されたその日の午後、サンフランシスコ郊外の米陸軍基地プレシディオにおいて、〝全土基地方式〟（日本の国土をどこであれ、米軍の望み通り軍事基地にできるという方式）による米軍基地の設置を日本に義務づけ、条約の期限も「無期限」とされた日米安保条約（旧安保条約）の調印が突如おこなわれたのでした。

吉田首相以外の政府代表は、誰も内容を知らなかった日米安保条約（旧安保条約）

このあとご紹介する私の発掘資料にあるように、実はこの安保条約の調印のときまで、吉田首相以外の五人の日本の全権（政府代表）は、日米安保条約の条文をいっさい読まされていませんでした。**それどころか、そもそもこのサンフランシスコで安保条約の調印をおこなうことなど、事前にまったく知らされていませんでした。**前日の、それも夜一一時過ぎになって初めて、翌日午後に安保条約が調印されるという日程だけが通知されたのでした。

この抜き打ちの、いっさいを機密にした日米安保条約の調印に抗議して、サンフランシスコに派遣されていた日本の全権のうち、苫米地義三（とまべちぎぞう）氏と徳川宗敬（むねよし）氏は吉田首相とともに米軍基地へ行くことを拒否しました。

その結果、**日米安保条約の調印者は、アメリカ側がアチソン国務長官をはじめ、米議会代表を含む四人であったのに対し、日本側は吉田茂ただ一人となりましたが、それはアメリカ側の異常なまでの秘密主義と、強引な条約締結の押しつけのせいでした。**

日米安保条約に調印する吉田茂首相とダレス国務省顧問、アチソン国務長官（後方左から）

私は二〇〇二年、米国での解禁文書調査のついでに、日米安保条約が調印された場所である、そのサンフランシスコ郊外の広大な基地内にあるかつての「下士官集会所」を訪ねて、そこに保存されていた当時の資料を調べました。

その場所は、太平洋とサンフランシスコ湾をつなぐ

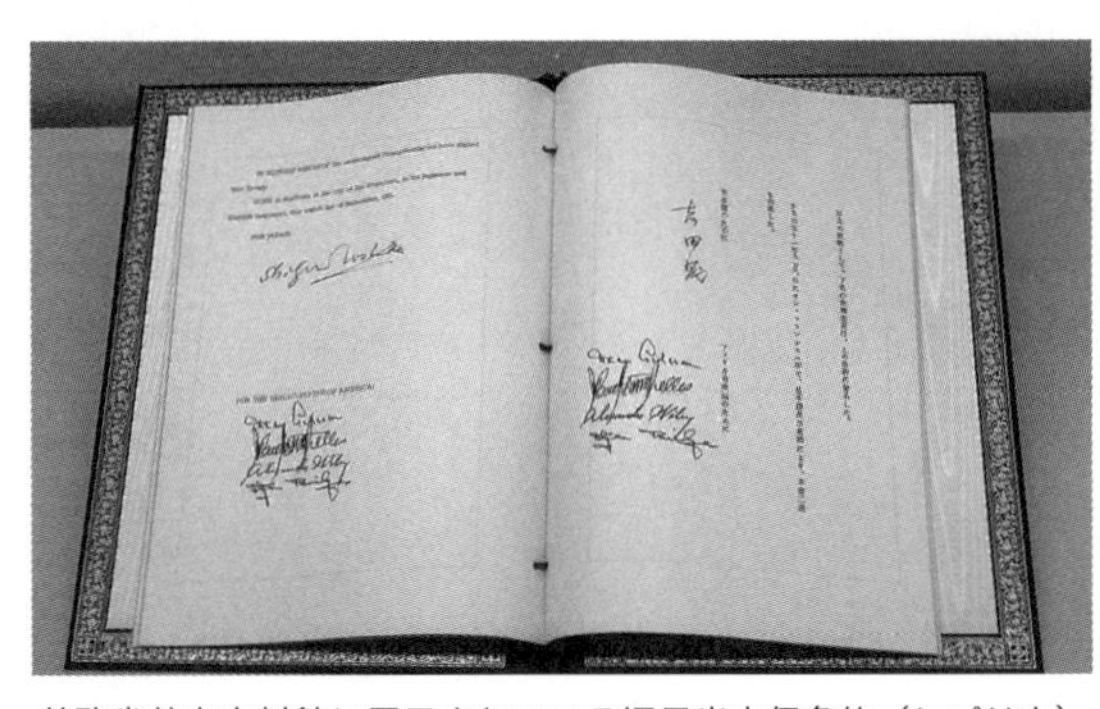

外務省外交史料館に展示されている旧日米安保条約（レプリカ）。吉田茂ひとりが署名した（wikimediaCommons）

ゴールデンゲート海峡を見下ろす高台の一角で、有名な金門橋（ゴールデン・ゲート・ブリッジ）が眼下に見えました。**問題の一九五一年の日米安保条約調印式についての資料を読んだところ、「調印式はたった十分間で終わった」**と記録されていました。

のちにアメリカ国務省が作成した秘密報告書「日本側の日米安全保障取り決め改定の要望」（一九五七年一月二二日付）も、次のように書いていました。

「安保条約の条文は、一九五一年九月八日のサンフランシスコでの調印までは、ごくわずかの日米両政府関係者以外、だれにも知らされていなかった。もちろん、一般の国民はその内容を知るよしもなかった。

吉田首相だけが日本代表として調印したのも、残りの日本側全権使節は条約の内容を知っていなかったからだった。

日本政府関係者も国民も、日米安保条約はある意味で、強制が生み出した産物だと考える傾向がある。それは、日米安保条約の全交渉を通じての特徴である秘密主義のせいであり、安保条約が［独立前の］占領中に締結されたという事実のせいでもある」

こうして、アメリカ政府の強引な秘密裏の押しつけ外交に屈して、吉田首相がただひとり、占領体制をそのまま継続して米軍基地を日本全土に駐留させ続けるという、この日米安保条約に署名したのでした。

なお、このサンフランシスコにおける、日本の主権をいちじるしく侵害した条約の締結（一九五一年九月）には、沖縄などを無期限に軍事占領し続けることを可能にするサンフランシスコ平和条約第三条の問題がありますが、これについてはパート2でふれることにします。

戦後のアメリカ占領軍による「言論封殺」に驚愕

こうしてサンフランシスコで結ばれた驚くべき取り決めに対して、当時、国民のあいだからは強い批判の声がわきあがりはじめました。

私が通っていた九州大学の教養課程でも、一九五一年九月末、学生自治会が政府に対し、対日平和条約や日米安保条約を秘密外交によって締結したことに断固抗議しようと全学生に呼びかけ、そのために「一日授業ボイコット」で抗議することを提案しました。

そこで学内では、まずこの提案を議題にして討論しようと、自治会の総会が開催されたのです。

その日、学内の学生寮の大食堂でひらかれた自治会総会に、私も出席しました。

総会は大学構内での秩序正しい、平穏な集まりで、数百名の学生が参加しました。

まず学友たちがあいついで立ち、提案された「授業ボイコット」に賛成の発言をしはじめました。ところが二人目が発言中、突如として会場の扉が外から荒々しく蹴破られ、およそ一五〇名もの武装警官隊が、棍棒をかざして乱入してきたのです。

そして警官隊の隊長が、大声で「ウィロビー書簡によって君らに即時解散を命じる」と怒鳴り、私たち参加者全員を会場から追い出しました。

「ウィロビー書簡」とは当時、日本を占領していた連合国軍（実体は米軍）総司令部（＝GHQ）のウィロビー公安部長の名で発令された、日本国民の集会など言論の自由をきびしく弾圧するための指令書のことでした。

自治会総会では教員も傍聴していました。私のすぐ横に社会学の教授がいましたが、警官隊の乱入に、教授は憤りで唇をわなわなと震わせながら、私たちとともに外に出されてしまいました。

警察は、私が所属していた科学論の研究会のメンバー一人を含め、まったくいかなる抵抗もしていない一六人の学友を逮捕し、警察のトラックで警察署に連行しました。

この事件は、私にとって、きわめて大きな衝撃でした。

それまでアメリカは民主主義の国だと思っていたのに、実体はそうとは言えないようだ、米軍の軍事占領というのはこういうものだったのか、といまさらながらに気づかされたのです。米軍に日本国内の軍事基地を自由に使わせるための日米安保条約への反対の声を、有無を言わさず力で押さえつけたこの事件をきっかけに、私は日米安保条約とは何か、日本に常駐している米軍とは、そもそも何かという問題を、真剣に考えざるをえなくなったのでした。

核兵器問題との出会い――ビキニ水爆実験と「第五福竜丸」の被曝

その後、私は一九五四年三月に大学を卒業し、長崎のラジオ放送局に就職して、まず佐世保の局で放送記者としての活動を始めました。

ちょうどその三月の一日には、アメリカが南太平洋のビキニ環礁で水爆実験をおこない、静岡県焼津のマグロ漁船、第五福竜丸の乗組員二三人が、「死の灰」を浴びて被曝した事件が起きていました。乗組員のうち、無線長の久保山愛吉さんは、同年九月二三日、死の灰による被曝が原因で四〇歳の若さで亡くなりました。

全国に報道され、日本人に大きな衝撃を与えたこの事件について、入社早々の私は佐世保の街で人びとの声を拾うとともに、第五福竜丸関係者の声などの録音を東京の提携局から送って

第五福竜丸。1954年3月1日に、ビキニ環礁での米軍による水爆実験に巻き込まれて被曝

もらって、ラジオ番組をつくり放送しました。

その二年後には長崎の放送局に転勤し、今度は一九五六年八月に長崎で初めて開かれた原水爆禁止世界大会（第二回大会）の取材を担当して、実況録音による三〇分間の原水爆禁止世界大会の番組を編集し、二日間連続で放送して、好評を博したこともありました。

長崎文学懇話会の発行していた雑誌『地人』（一九五六年一一月号）は、当時、長崎にあった二つのラジオ放送局（NHKと私が働いていた長崎放送（NBC））の原水爆禁止世界大会関連番組を、くわしく論評し比較した記事を載せました。

その記事の中で、同誌は私が編集にかかわった長崎放送の世界大会関連番組を、NHKのものと比較論評し、次のように評しました。

「大会実況録音も編集、取材とも断然NBCが光っており、とくに第一日の大会の壇上に、母親に抱かれながら下半身の自由のきかない原爆乙女（おとめ）〔＝広島、長崎で被爆し、顔や体にやけどを負った若い女性の当時の総称〕、渡辺千恵子さんの、自己を爆発させるような訴え、この彼女の声と大会の湧くような感激の盛り上がりが、よくマイクにとらえられていた」

「この実況録音には、翌日の各新聞の大きな写真入の記事以上に感銘を与えられた」


こうして私は長崎で、核兵器の問題にあらためて出会ったのでした。

あらためてという意味は、それより五年前、二十歳になったばかりの学生時代、まだ米軍の占領がつづいていた一九五一年九月に、原爆を投下された長崎をぜひこの目で見たいと思い立ち、当時出版されたばかりの岩波写真文庫『長崎』を唯一の手引きに、ひとりで長崎を訪ねたことがあったからです。

そのときは、真っ先に向かった爆心地の浦上(うらかみ)天主堂で無残な破壊の跡を確かめることはできたものの、放射能による被爆の実態はよくわかりませんでした。

というのも、当時唯一の資料だった岩波写真文庫『長崎』のどのページにも、「被爆者」の「被」の字さえ見当たらなかったからです。**あとでわかったことですが、それは戦後七年間にわたって日本を占領した米軍が、原爆報道に関し厳重な統制をおこない、原爆投下による被害や惨劇の実態を示す、記録、写真、動画などいっさいの報道・出版・映画・文学作品化を全面的に禁止して隠蔽していたせいでした。**

その指令の根拠とされたのが、一九四五年九月に連合国軍最高司令官総司令部（ＧＨＱ）が発令した報道規制のための占領法規、いわゆる「プレスコード」です。

「そんなことを書いたら、沖縄送りになりますよ」

当時、同盟通信（戦後、共同通信と時事通信に分離）長崎支局記者として、長崎の原爆被害を取材した松野秀雄氏は、次のように記していました。

「原爆記念日がめぐってきても、単に死者を弔うだけの行事がおこなわれるにすぎなかった。それも（略）市長や県知事は出席せず、三年目にしてやっと市民的行事となり、はじめて『平和宣言』が出された。だが〝原爆忌（げんばくき）〟とか原爆の悲惨さを訴えるというものではなく、『文化祭』と銘打たれ、問題の本質がすり替えられていた。そして原爆を落とした国の司令官から、『長崎市民ならびに市民各位が長崎市の復興にきわめて優秀なる成績をあげられたことに対し、心からお喜び申し上げます』（昭和二三年八月一〇日付新聞）という奇妙なメッセージが届けられたりした。

しかも他方では、平和を守る会その他による平和集会や反戦運動はすべて禁圧され、たえず占領軍や官憲によって監視されつづけたのである」（松野秀雄『太陽が落ちる：被爆記者の証言』長

崎の証言刊行委員会、一九七三年）

　また広島で被爆し、『屍の街』などの作品で知られる作家・大田洋子も回想録で、広島市外に住んで作家活動をおこなっていたときの彼女の体験を記しています。

　戦後ある日、広島に配置されたGHQ代表の日系二世の米軍人から呼び出されて、原爆による広島の惨状についての感想を聞かれたそうです。

　そこで、思ったままをしゃべったところ、

「そんなことを、あなたがもし書いたら、沖縄送りになりますよ」

　と脅されたことを暴露しています。

「沖縄送り」とは、米軍による日本の全面占領時代とその直後のころ、米軍やその諜報機関が勝手に〝不穏分子〟と見なした日本人を拘束し、沖縄の収容施設などに強制連行したことを指していたものと思われ、そのころよく耳にしました（その一例に、一九五二年に中国通の研究者、鹿地亘氏が神奈川県藤沢市で米軍の秘密諜報機関により拘束され、ひそかに沖縄に連行されて沖縄本島南部のCIA秘密基地に監禁された事件があります。当時、大きな問題となり国会で糾明されました）。

　広島・長崎における原爆被害の惨状や被爆者の苦しみと訴えは、こうした米占領軍の弾圧や情報管制によって、一九五二年四月の対日平和条約発効まで長らく闇に葬られていたのです。

　こうして**日本国民のほとんどの人は、原爆被害の実相を知らされることがないまま、戦後の**

七年間を過ごさざるをえませんでした。原爆投下による広島と長崎の惨害や苦しみは、戦後長らく米軍の不当な隠蔽によって、秘密の闇に封じ込められていたのです。

被爆者の訴えに耳を傾けて

第五福竜丸の被曝と、その後明るみに出たビキニ環礁での第五福竜丸（静岡県焼津港）の放射能被害の実態がひろく知られるようになって、国民は実際上初めて原爆の被害についてひろく知らされ、その結果、原水爆禁止運動が全国的に大きくひろがっていきました。

一方、その後高知県を中心に、同じようにビキニ環礁での水爆実験によって被曝した他の漁船に関する事実の発掘も進み、ビキニ水爆実験では一〇〇〇隻近くの日本の漁船が水爆実験場近くの海域で漁をしていたことから、ほぼ二万人に達する乗組員が被曝していたこともわかっています。

水爆実験に強く反発する原水爆禁止運動のひろがりのなかで、日本国民の多くが核兵器による被害の悲惨さに初めて本格的に向き合い、原爆とは何か、核兵器とは何かを知らされ、核兵器の恐ろしさについての全国民的な認識が、事実上初めて生まれていったのです。

一九五六年の原水爆禁止世界大会では、すでにふれた通り、地元長崎の原爆被爆者で、脊椎（せきつい）を骨折したため一〇年あまり寝たきりだった渡辺千恵子さん（一九二八〜九三年）が、核兵器の速やかな禁止を強く訴えました。

渡辺さんは、動員先の工場で、崩壊した建物の下敷きとなり、下半身不随になられたのでした。お母さんに抱きかかえられて世界大会の壇上に上った渡辺さんは、およそ三〇〇〇人の大会参加者の前で、力をふりしぼって次のように訴えました。

「原爆犠牲者はもう私たちだけでたくさんです。

原爆は私の身体を生まれもつかぬ、かたわ（ママ）にしてしまいましたが、私の心までも傷つけることはできませんでした」

「世界の皆さま、原水爆をどうかみんなの力でやめさせてください。

そして私たちがほんとうに心から、生きていてよかったという日が一日もはやく実現できますよう、お願いいたします」

私はその姿を間近に見、その切実な訴えに心をゆさぶられました。それがきっかけで、大会後には渡辺さんのお宅をしばしば訪ねるようになり、大会前からすでに活動していた同地の「原爆青年乙女の会」（長崎で戦後いち早く発足した被爆者組織）の活動などについて話をうかがわ

第五福竜丸被曝事件の翌年の1955年8月6日、広島において第一回「原水爆禁止世界大会」が開催される

せてもらいました。

そうした体験から、「自分は原爆のことを何も知らなかった」と深く反省させられるとともに、世界から核兵器を廃絶するという課題がいかに決定的に重大なものかを認識させられたのでした。

長崎での原水爆禁止世界大会は、前年の広島での第一回大会に続いて、核兵器使用に反対し核兵器の廃絶を求める国民的運動の、本格的な始まりを告げるものでした。

被爆者が、占領時代以来、自分たちを抑えつけてきたものをはねのけて、原爆による苦しみを社会に訴え、核兵器の使用反対と核兵器の廃絶を呼びかける。その姿と言葉は多くの人の心に大きな感銘を与えました。

核兵器に関する情報が禁じられていた占領時代と変わって、反核の運動がひろがってゆく。渡辺さんのような被爆者の訴えが、その礎（いしずえ）となったのでした。

このように長崎の放送局で仕事をした若き日の体験が、私がのちに日米核密約の問題と取り組む原点となっています。

パート1

「対日平和条約」締結の前から核戦争基地にされた日本

——第二次大戦後の米国の核兵器戦略を見る

一九四五年六月、嘉手納飛行場近辺の軍用車両の渋滞を緩和するため米軍によって建設中のロータリー（沖縄県公文書館）

ハリー・トルーマン
(1884-1972)
(米国立公文書館)

第二次大戦が終わって五年目の一九五〇年六月、突如、北朝鮮軍が韓国に対して攻撃を開始し、朝鮮戦争が始まりました。ようやく世界大戦が終わり、これで自分たちの暮らしも戦火から遠ざかることができたと、誰もが思っていた矢先に起こったこの新たな戦争は、すぐ隣の朝鮮半島が戦場だったこともあり、人びとの間に大きな不安をひろげることになりました。

私が住んでいた福岡市内にも板付(いたづけ)米空軍基地(現在の福岡空港)という大きな基地がありました。もとはといえば、戦争末期、私が中学一年のときに日本軍の軍用飛行場づくりに駆り出されてできたのが、この基地の前身でした。敗戦直後からは米軍の重要基地になり、朝鮮戦争中は同基地から連日、爆弾を満載した米空軍の小型攻撃機が朝鮮半島に向けて飛んでいきました。開戦から数日後の夜遅く、この基地周辺をはじめ北部九州一帯で突如、戦時中聞き慣れていた「空襲警報」のサイレンが鳴りひびいて、大きな衝撃がひろがったこともありました。あとで、「国籍不明機が接近した」せいだったと説明されましたが、不安は消えませんでした。

日本のすぐ隣で起こったその戦争で、再び戦争の恐怖が人びとの記憶によみがえるなか、裏では米軍の核兵器使用計画も進行していたのです。

この時期、大きなニュースとなって表面化した核兵器の使用をめぐる重大発言に、同一九五〇年一一月三〇日の記者会見におけるトルーマン米大統領の発言がありました。**トルーマンは朝鮮戦争の戦況についての記者の質問に答えて、「われわれが持っているあらゆる兵器の使用」で対応するとのべたことから、大きな国際的批判が西ヨーロッパを中心にひろがったのでした。**

中でもイギリスのアトリー首相はただちにヨーロッパ諸国の政府の意思を代表してワシントンに飛び、トルーマン大統領に核兵器の使用反対を強く申し入れて、ヨーロッパ諸国から喝采の声を受けたものでした。

日本は当時、いまだ占領下におかれ、政治的な言論の弾圧が日常化していましたが、それでもトルーマン発言への抗議は公然とくりかえされていました。

それでは、広島・長崎への原爆投下から五年たっていたこのころ、アメリカ政府の核兵器についての戦略と態勢はどのようなものになっていたのでしょうか。

ここで第二次大戦の戦中から戦後にかけての米軍の核兵器戦略について、簡単にみておきましょう。

原爆で始動した戦後世界の米軍基地ネットワークの構築

第二次世界大戦中の一九四二年八月一七日、アメリカの極秘の原爆開発計画である「マンハッタン計画」が発足しました。

一九四五年七月一六日には、史上初めて開発に成功した原爆の核爆発実験が、アメリカのニューメキシコ州アラモゴードでおこなわれました。そして翌八月の六日と九日、日本の広島と長崎に米軍が原爆を投下したのでした。

一九四五年八月六日、原爆を積んで西太平洋のテニアン島を飛び立った米軍B29爆撃機は、広島市上空に到達するや原爆（ウラン型）を投下し、人類がそれまで体験したことのない残酷きわまりない核爆発の大惨害と、言葉ではとうてい表現しきれない生き地獄をつくり出しました。

三日後の九日にもやはり原爆（プルトニウム型）を搭載した二機目のB29機が、いまの北九州市の小倉を目標に同地上空に達したものの、投下予定の造兵廠や工業地区が雲におおわれていたため急きょ計画を変更し、第二目標の長崎市に向かい同市上空で核爆弾を爆発させました。

アメリカ国内では、八月七日付の新聞がいっせいに広島への原爆投下について報じ、ニューヨーク・タイムズは、「新時代到来。大統領、核時代到来を歓迎」の大見出しで記事を掲載しました。その一方、同紙のハンソン・ボールドウィン記者は署名入りの解説記事で、「大破壊のせいで、広島には憎悪の種が撒かれた」とも書いていました。

さらに八月九日、アメリカの新聞は、「長崎への原爆投下」を大きく報じました。日本との時差のため、同日のアメリカの新聞にとって日本の「八月九日」は、すでに前日のできごとでした。

その日の夜、当時大統領だったトルーマンは、ドイツのポツダムにおける連合国巨頭会談について、アメリカ国民への報告のためのラジオ演説をおこないます。そのなかで彼は、広島、長崎への原爆投下のあとも、日本への爆撃をさらに継続するとのべ、日本の降伏が速やかにおこなわれることを求めました。そして、肝心のポツダム会談の報告に入る前に、第二次世界大戦後の世界においては、アメリカにとって海外で軍事基地を獲得することが、決定的に重要であると強調したのです。

翌日付ニューヨーク・タイムズは、このラジオ演説に関する記事で、**トルーマン大統領が世界に向けて、「わが国の国益と世界平和の徹底的擁護のために」必要と考える「アメリカ国外の軍事基地」は、どの国のものであれ手に入れるとのべた**と報じました。そして、大統領はそれを、国連憲章と矛盾しない取り決めで実現させるとのべたことも付け加えました。

原爆投下をきびしく非難した米国のキリスト教神学者たち

一方、原爆投下から少し時間が経ってから、米国キリスト教会評議会が原爆投下について、慎重に調べたうえで作成された長文の報告書を公表しました。

これは当時アメリカの代表的なキリスト教神学者としてひろく知られていたラインホルド・ニーバーが加わった二二名の連名による、原爆投下に対し厳重に抗議する内容のものでした。

報告書は日本に対する原爆投下に、まず「深い悔悟」の気持ちを表明し、

「アメリカのキリスト教徒として、無責任きわまる原爆使用を深く悔いる」

「戦争の倫理というものをどう考えようとも、広島と長崎に対する原爆投下は、道義上、絶対に容認することができない」

と強く非難しました。

さらに報告書は、

「そもそも広島への原爆投下に先立ち、原爆の存在自体まったく明らかにされていなかった」

「日本の戦略的状況はすでに絶望的になっていたし、日本が独自の原爆開発をおこなっていなかったことも明白だった」

とのべて、

「われわれは、神の掟と日本の国民に対し深い罪を犯した」

と悔悟の念を表明しました。*1

アメリカのカトリック系の雑誌『コモンウィル』の一九四五年九月号も、

「あの状況下での原爆の使用は、残虐かつ言語道断だ。文明国の諸国民はこの恐るべき行為を拒否し、呪われるべきだと宣言する」

との警告文を掲載し、

「われらの〔対日戦の〕勝利は汚された」

と宣言しました（同誌編集長のギリス神父署名の警告文）。

日本の侵略行為から始まった戦争におけるアメリカの原爆使用でしたが、原爆投下の非人道性をきびしく問題にし、これを厳重に非難したアメリカのキリスト教関係者のこのときの態度は、深い思索にもとづく普遍的な道理を感じさせるものでした。

原爆投下に反対したアメリカの科学者たち

このアメリカのキリスト教関係者による広島・長崎への原爆投下のきびしい告発の報告書全文を収録した、米国出版の"HIROSHIMA'S SHADOW"という本には、もう一つ見落とすことのできない重要な記録が収録されています。

それは、「マンハッタン計画」という名の第二次世界大戦中のアメリカ政府の原爆開発計画という、きわめて機密性がきびしい戦時組織で働いていた科学者ら専門家のあいだで、かなりの数の人びとが日本への原爆投下をやめさせなければならないと考え、最終的には一五五名の専門家たちがトルーマン大統領あての請願署名をおこなったという出来事です。

そのトルーマン大統領あての請願文の全文と、署名者全員の氏名も、その本で初めて公開されたのです。

日本への原爆投下を絶対にやめてほしいというこの署名運動は、当局側の妨害のため、「マンハッタン計画」の拠点だったニューメキシコ州ロスアラモス国立研究所では、その後ついに署名をおこなうことも禁止されました。

それでも科学者たちは、「マンハッタン計画」に加わっているシカゴ大学冶金研究所や、同じく「マンハッタン計画」の一翼をになうテネシー州オークリッジの研究施設などで、日本への原爆投下中止要請の請願署名をおこないました。そして署名者はあわせて一五五人に達したといいます。

前記の本には、それら署名者全員の氏名、ならびに請願署名の要請文そのものが載せられていますが、これも同書（一九九八年刊）で初めて公開されたものでした。

この署名が集まって、「マンハッタン計画」責任者のレスリー・グローブズ米陸軍准将に提出された日が一九四五年七月一七日だったため、これは「七月一七日請願署名」とよばれているのですが、この本には、その後、署名簿と要請文がたどった残念な経過についても記されています。

それは「マンハッタン計画」総責任者のレスリー・グローブズが、陰湿な妨害工作をおこなって、わざと

SECRET　July 17, 1945

A PETITION TO THE PRESIDENT OF THE UNITED STATES

Discoveries of which the people of the United States are not aware may affect the welfare of this nation in the near future. The liberation of atomic power which has been achieved places atomic bombs in the hands of the Army. It places in your hands, as Commander-in-Chief, the fateful decision whether or not to sanction the use of such bombs in the present phase of the war against Japan.

We, the undersigned scientists, have been working in the field of atomic power. Until recently we have had to fear that the United States might be attacked by atomic bombs during this war and that her only defense might lie in a counterattack by the same means. Today, with the defeat of Germany, this danger is averted and we feel impelled to say what follows:

The war has to be brought speedily to a successful conclusion and attacks by atomic bombs may very well be an effective method of warfare. We feel, however, that such attacks on Japan could not be justified, at least not unless the terms which will be imposed after the war on Japan were made public in detail and Japan were given an opportunity to surrender.

If such public announcement gave assurance to the Japanese that they could look forward to a life devoted to peaceful pursuits in their homeland and if Japan still refused to surrender our nation might then, in certain circumstances, find itself forced to resort to the use of atomic bombs. Such a step, however, ought not to be made at any time without seriously considering the moral responsibilities which are involved.

The development of atomic power will provide the nations with new means of destruction. The atomic bombs at our disposal represent only the first step in this direction, and there is almost no limit to the destructive power which will become available in the course of their future development. Thus a nation which sets the precedent of using these newly liberated forces of nature for purposes of destruction may have to bear the responsibility of opening the door to an era of devastation on an unimaginable scale.

If after this war a situation is allowed to develop in the world which permits rival powers to be in uncontrolled possession of these new means of destruction, the cities of the United States as well as the cities of other nations will be in continuous danger of sudden annihilation. All the resources of the United States, moral and material, may have to be mobilized to prevent the advent of such a world situation. Its prevention is at present the solemn responsibility of the United States--singled out by virtue of her lead in the field of atomic power.

The added material strength which this lead gives to the United States brings with it the obligation of restraint and if we were to violate this obligation our moral position would be weakened in the eyes of the world and in our own eyes. It would then be more difficult for us to live up to our responsibility of bringing the unloosened forces of destruction under control.

In view of the foregoing, we, the undersigned, respectfully petition: first, that you exercise your power as Commander-in-Chief, to rule that the United States shall not resort to the use of atomic bombs in this war unless the terms which will be imposed upon Japan have been made public in detail and Japan knowing these terms has refused to surrender; second, that in such an event the question whether or not to use atomic bombs be decided by you in the light of the considerations presented in this petition as well as all the other moral responsibilities which are involved.

日本への原爆投下中止を求める、トルーマン大統領あての「科学者たちの請願署名」

政権トップに届ける日を遅らせたため、間に合わなかったということです。

その経過を究明した伝記作家のウィリアム・ラヌエット氏は、グローブズがトルーマン大統領の原爆投下についての新たな指令が時間切れで出せなくなる日を調べておいて、そのぎりぎりの日までわざと署名簿や要請文を手許に隠していたと指摘しています。

国際法に違反する原爆投下

ところでこの広島と長崎への原爆投下は、国際法との関係では、これまでどのように考えられてきたのでしょうか。ここでは日本の裁判所における確定判決を見ておきましょう。

原爆の投下は、日本の侵略戦争から始まったアジア・太平洋戦争の最終局面で、米軍の対日作戦の一環としておこなわれたものでした。同時にそれは、人類初の残虐きわまる大量殺戮兵器の原爆を投下し、広島・長崎両市の住民などを大量殺戮し、二つの市の内外において残忍きわまる惨禍をもたらしたむごたらしい行為でした。

わが国の裁判所が、戦時国際法をふくむ国際法との関連でくだした判断（＝確定判決）としては、一九六三年一二月七日に東京地裁がくだした判決があります。

それは国が長らく被爆者に対しいかなる援護もおこなわず、放置しつづけていた時期の一九五五年四月、広島の下田隆一さんら被爆者三人が、国を相手どって東京地裁に対し、原爆投下を「国際法違反」と認め、損害賠償をおこなうよう求める初めての「原爆訴訟」をおこなったのに対し、東京地方裁判所の古関敏正裁判長がくだした判決です。

なお、この判決は、被爆者らによる損害賠償請求は棄却したものの、国際法との関係については、広島・長崎への原爆投下を国際法に違反する行為と断定しました。

なお被爆者への援護措置については、この裁判中から世論の高まりもあって、運動が発展し、それが背景となって、一九六八年五月に原爆特別措置法が施行されています。

判決文はかなり長いので、とくに重要と思われる部分だけを抜粋して紹介します。

一九六三年の東京地裁判決のうち、原爆投下を国際法違反とした部分の要点は、次の通りです。

①非軍事目標を直接の対象とした爆撃や、軍事目標と非軍事目標の区別をせずにおこなう爆撃は、国際法上許されない。

②原爆の加害力と破壊力のいちじるしいことは、広島、長崎に投下された小規模のものでも、

TNT爆弾の二万トン〔＝二〇キロトン〕相当であり、このような原爆が爆発すれば、軍事目標と非軍事目標の区別はおろか、中規模の都市一つが全滅するのとほぼ同じ結果となる。したがって原爆の投下は、無差別爆撃と同一視すべきもので、当時の国際法に違反する戦闘行為といわなければならない。

③広島、長崎両市に軍隊、軍事施設、軍需工場などのいわゆる軍事目標があったにせよ、広島市に三三万人、長崎市に二七万人の市民が住居を構えていたことは明らかである。したがって、原爆による爆撃が仮に軍事目標のみの攻撃を目的としたとしても、原爆の巨大な破壊力から無差別爆撃と同様な結果を生ずるものである以上、広島、長崎両市に対する無差別爆撃として、当時の国際法からみて、違法な戦闘行為であると解するのが相当である。

④それだけでなく、広島、長崎両市に対する原爆の投下は、戦争に際して不要な苦痛を与える非人道的なものは、害敵手段として禁止されるという国際法上の原則にも、違反すると考えられる。

⑤原爆がヘーグ陸戦規則で禁止している「毒、マタハ毒ヲ施シタル兵器ヲ使用スルコト」などに該当するかどうか、国際法学者のあいだにもまだ定説がない。しかし、ヘーグ陸戦規則第二三条eで，「不必要ノ苦痛ヲ与フヘキ兵器、投射物ソノ他ノ物質ヲ使用スルコト」を禁止していることからみて、毒、毒ガス、細菌以外にも、すくなくともそれと同等あるいはそれ以上の

苦痛を与える害敵手段は、国際法上その使用を禁止されているとみて差し支えあるまい。

原子爆弾の破壊力は巨大であるが、それが当時において、はたして軍事上適切な効果のあるものかどうか、またその必要があったかどうかは疑わしいし、広島、長崎両市に対する原子爆弾の投下により、多数の市民の生命が失われ、生き残った者でも、放射線の影響により一八年後の現在においてすら、生命をおびやかされている者のあることは、まことに悲しむべき現実である。

この意味において、原子爆弾のもたらす苦痛は、毒、毒ガス以上のものといっても過言ではなく、このような残虐な爆弾を投下した行為は、不必要な苦痛を与えてはならないという戦争法の基本原則に違反しているということができよう」

（右の引用は、日本原水爆被害者団体協議会［被団協］編『ふたたび被爆者をつくるな―日本被団協五〇年史』別巻の資料にもとづきました）。

原爆の被害を否定し、隠そうとしたアメリカ

一九四五年八月一五日の日本政府による「降伏発表」から約半月後の同年九月二日、東京湾の米艦ミズーリ号上で、「降伏文書」の調印式がおこなわれました。

その後、ほとんどが米軍からなる「占領軍」の部隊が、八月下旬以降、日本各地に続々と進駐しはじめました。

しかしアメリカの占領軍は、広島と長崎で原爆症に苦しむ被爆者たちには、救援の手を差しのばそうとはしませんでした。

それどころか、広島の惨状を見て被爆者らへの救援を申し出ていた、赤十字国際委員会の駐日首席代表マルセル・ジュノー博士の本格的な広島救援の要請に対し、アメリカの占領軍は救援活動をおこなおうこと自体を妨害し、中止させました。

さらに、日本にやって来た原爆投下計画の総元締めである「マンハッタン計画」の高級幹部が驚くべき発言をしました。同年九月六日、GHQ（連合国軍総司令部）がひらいた記者会見でおこなった、「マンハッタン計画」副責任者のトーマス・ファーレル准将の発言がそれで、も

はや苦しんでいる被爆者はいないと、次の通り語ったのです。

「原爆放射能の後障害（こうしょうがい）（＝原爆被害による後遺症）はありえない。すでに、広島、長崎では、原爆症で死ぬべきものは死んでしまった。九月上旬現在において、原爆放射能のために苦しんでいるものは皆無だ」

このファーレル発言は、事実とはまったくかけ離れた完全な「つくり話」でした。

ただ、圧倒的に強力な占領軍という権力の座についた米軍の記者会見において、その高官がおこなった発言だったため、このファーレル発言のあと、日本の新聞は被爆者のことをほとんど報じなくなったと言われています。

それから約四〇年後の一九八〇年代なかば、このファーレル発言に強い疑問をもちつづけていた東京の弁護士の椎名麻紗枝（しいなまさえ）さんが、ファーレル発言の動機や背景を究明するため、アメリカの国立公文書館やマッカーサー記念館を訪ねて、関係文書をくわしく調べました。

その結果、問題のファーレル准将の発言は、当時ワシントンのアメリカ政府が、東京のマッカーサーGHQ総司令官に宛てて伝えていたアメリカ政府の「公式指示」に、忠実にそってなされたものであったことが確認されました（椎名麻紗枝著『原爆犯罪―被爆者はなぜ放置されたか』大月書店、同「アメリカの被爆者政策の人類史的犯罪」『法と民主主義』一九八五年七月号などによる）。

このようにアメリカ占領軍当局は、当時、多くの被爆者が原爆症などによってひどく苦しみつづけていた現実を、じゅうじゅう知りながら、その事実をことごとく隠蔽することにつとめました。日本人の目や耳に、広島・長崎の被害にかんする事実がいっさい届かないようにする対策を周到に

長崎市への原爆投下で崩壊した浦上天主堂（米国立公文書館）

実行に移し、深刻な原爆被害の実態をおおい隠したのです。

これは、アメリカの原爆戦略がつくりだした悲惨な被害を、とくに日本人の目から隠し通すため、アメリカの政府と軍が日本で実行した、対日占領政策のきわめて重要な一環をなすものでした。

しかも、その世論誘導戦略には、真相をおおい隠すだけでなく、ファーレル発言のように、事実をまったくゆがめてウソを公言することまで、「広報戦略」として取り入れていたのです。

アメリカ占領軍の原爆問題を中心とした言論封殺

こうした日本でのアメリカ占領軍当局による原爆被害についての言論封殺の実態を調べた、スウェーデンの研究者モニカ・ブラウは、米軍の全面占領が終わったあとの一九五〇年代なかば以降にならなければ、日本で平和運動が始まらなかったのは、アメリカ占領軍による「検閲制度の効果を証明した」ものだったのではないかとのべています（モニカ・ブラウ『検閲―禁じられた原爆報道』時事通信社）。

実際、**当時のアメリカ占領軍当局は、日本国内で取り締まるべき重要問題として、「広島・長崎の原爆投下の効果」をはじめ、「原子力政策、原子エネルギー、原子爆弾に関する研究・調査」などを指定し、軍を動員して日本全国で徹底的に調査し、頻繁に「発禁」命令を出していました。**

戦後二十数年経った時点で、戦後の著名な評論家、松浦総三氏は『占領下の言論弾圧』（現代ジャーナリズム出版会）という本の中で、原爆関係の報道規制開始の時期を次の通り記述しています。

「原爆にかんする報道は、昭和二〇年（一九四五年）九月一〇日に指令されたプレス・コード（新聞などに対する「報道基準」という名による事実上の規制のこと）の中の『連合国軍の利益に反する批判』や『不信を招く記事』や『連合国軍の動静は公表されぬかぎり記述や論議してはならぬ』という項目により、報道を厳重に統制されたのである」

つまり、アメリカ占領軍による原爆報道の全面禁止指令は、さきに見たファーレル米陸軍准将が、原爆の障害で苦しんでいる被爆者はいないというまったくの「作り話」を公言してから、四日後に出されていたのです。

ファーレル発言から原爆報道全般の禁止への過程は、ひとつながりのものだったと考えてよいでしょう。

こうして日本国民のほとんどが、広島、長崎の原爆被害の実態について、ほとんど知ることができないようにされたのでした。

対日戦終結直後から始まった、アメリカの核兵器基地の海外展開の動き

ところで、第二次世界大戦の最末期ごろから、米軍の最高指導部のあいだでは、原爆＝核兵

器の保有・開発を戦後も継続させようとする動きと同時に、その核兵器の使用を念頭におきながら、米軍基地を海外（＝国外）で長期に確保する発想が浮上していました。

その戦後における核兵器基地の問題をめぐって、米軍上層部のなかの論議で積極的に発言していたのが、あの「マンハッタン計画」総責任者のレスリー・グローブズ（米陸軍准将）でした。グローブズは戦争中、原爆の開発・製造のための極秘裏の国家的大事業の最高責任者でしたが、戦後も「海外における戦後の米軍基地」の問題の検討に注目していたのです。

そもそも、アメリカ政府内では戦後の米軍基地についての内部研究が、一九四四年一月、当時のルーズベルト大統領にいったん報告されたあと、米軍部内では、日本軍の真珠湾攻撃や、大戦中の戦略爆撃の横行、そして核兵器の開発などに照らして、大戦後、太平洋・大西洋の両方面において米国の覇権確保を重視する方向に傾いていたといわれます。

こういう内部研究がおこなわれていたこともあって、戦争終結直後のグローブズの提言は、広島・長崎への原爆投下の「実績」をもとに、大胆なものになったようです。

原爆製造責任者グローブズが「一〇〇年間、海外での基地権を手に入れよ」と提言

世界で初めての原爆が広島、長崎に投下され、世界大戦が終結を迎えたわずか一週間後の一九四五年八月二二日、米統合参謀本部の会議でグローブズは、戦後世界でアメリカは、長期にわたり海外で米軍基地を大胆に獲得すべきだと提言しました。

私がアメリカの国立公文書館からコピーを入手したその専門グループ会議の発言記録は、グローブズの問題の提言を、次の通り記録しています。

「どこにわれわれが発射基地を置くかが、問題だ。（略）一〇年もすれば、爆弾〔＝原爆〕はロケットを利用して、無制限の射程を持つようになるだろう」

ここで別の出席者が、誘導ミサイルの実現には時間がかかるのではないかと発言すると、グローブズがふたたび口を開き、次のようにのべました。

「多分そうだろう。でも一〇年から二〇年もすれば、できあがると思う。いまおれたちは、好都合な地点にいるのだ。他の連中は、それをつくる完璧な知恵さえ持たないし、よその国が追いつくには、まだ相当の年数がかかるのじゃないか。だからここ数年は、不意打ち攻撃はない

と考えていいんじゃないか。いまのうちだよ、海外で自分たちの基地を手に入れて、一〇年間なんて言わず、五〇年～一〇〇年単位で計画するべきだ」

こうして**グローブズは、アメリカが海外で握るべき基地権は、「五〇年ないし一〇〇年にわたる〝権利〟でなければならない」と強調していた**のでした。

「長期の基地権確保」を主張するこのグローブズ提案の土台には、世界で初めて原爆＝核兵器を持つことに成功した新たな超軍事大国アメリカが、核戦力を背景として、あくなき国際支配の拡大を軍事によって求めて行くべきだとする戦略思想がありました。

グローブズはその翌年の一九四六年一月、米議会に、「原爆が変えたわがアメリカ軍の前途」と題する秘密報告（覚え書き）を提出しました。[*2] この報告でグローブズは、原爆を使って世界の国々を圧倒すべきだという核超大国アメリカの軍隊の、あるべき方向をリアルに描き出してみせたのです。

このグローブズ提案について、アメリカによる原爆開発とその後の軍事戦略の関係に詳しい研究者グレッグ・ハーケンは、次のようにのべています。

「グローブズ将軍は、米議会に出した提言で、今後、核爆弾を手に入れようとする『どの侵略国』に対しても、アメリカは核攻撃をしかけるべきだと促した[*3]」

実際、ハーケンによると、一九四五年秋の早い時期の段階で、すでに若干の軍事関係者や議員たちが、米議会における軍隊統合問題の聴聞会で、先制攻撃について議論していたといいます。

そして、

「広島への〔原子爆弾〕投下から三週間も経たないうちに、統合参謀たちは先制攻撃を、過去の戦争へのアメリカの態度とは異なるものだとして**排除すべきではないとする米海軍の提案にもとづいて、新しい政策構想を採択していたのだ」**

とも指摘しています。

レスリー・グローブズ
(1896-1970)
(米国エネルギー省)

グローブズが第二次世界大戦終結直後に、統合参謀本部内の会議で、五〇年ないし一〇〇年におよぶ「海外での長期の基地権確保」構想を提言し、世界にひろく米軍基地とその基地権を確保せよと主張したことは、米軍部のなかに戦後すぐ公然と生まれた「先制攻撃」戦略への傾斜と、きわめて大きなかかわりを持っていたのです。

戦後一年も経たないうちにおこなわれたビキニ環礁での核実験

第二次大戦直後も続いた核兵器開発計画の一環として、アメリカは広島・長崎への原爆投下から一年も経たない一九四六年七月、南太平洋ビキニ環礁において、平時における初めての核実験「クロスロード」作戦を二度おこないました。「ビキニ」の名が、世界にひろく知られるようになったのはこの核実験からです。

「クロスロード」作戦の中心は米海軍でした。核爆発の標的艦としてアメリカの中古艦船のほか、旧敵国の日本やドイツの軍艦も含めて九五隻を並べ、核実験の効果を確かめました。核実験に使われたのは、長崎型原爆Ｍｋ３（重量四・七トン）二発。炸裂した原爆の閃光とキノコ雲の下で、標的艦は海のもくずと化しました。

アメリカ政府は、戦後初のこの核実験を、アメリカ国民や国際社会に、アメリカの核戦力の凄まじさを誇示する大々的な政治宣伝として活用しました。世界中から四万二〇〇〇人が実験作業や見学のために集まりました。その大多数は米海軍関係者ですが、フォレスタル海軍長官や米議会議員も来ていました。また国連のオブザーバー、世界各国から一七五人の新聞・ラジ

㊤「エイブル実験」
㊦「ベーカー実験」（米国防総省）

オの記者たちが、核実験の「モルモット艦隊」の運命を見届けようと集結したのです。

核爆発実験は七月一日（「エイブル実験」＝空中投下）と、七月二五日（「ベーカー実験」＝水中爆発）の二回。一回目は陸軍航空隊のB29爆撃機が原爆を投下したが、目標からややずれて落ちました。このため、海軍に核兵器作戦の主導権をとられるのを恐れた陸軍航空隊のいやがらせだったのではないか、という噂まで飛びました。

二回目の海中での核爆発は、度肝を抜くような巨大な核爆発の映像で知られ、のちに映画「ゴジラ」でも使われます。また、アメリカをはじめ世界のいくつかの国のラジオ放送局が、現場から核実験のもようを中継しました。

この核実験は、核爆発実験としての意味だけでなく、ビキニ環礁を含む南太平洋諸島の住民

たちの生きる権利をじゅうりんする、アメリカの非人道的行為の決定的第一歩ともなりました。その後の水爆実験を含む一連の核実験によって頻繁に続くことになる、痛ましい犠牲の押しつけの始まりだったのです。それは、旧日本の国際連盟信託委任統治領の太平洋諸島が、強引な外交かけひきでアメリカによる「戦略委任統治」下に組み込まれ、結果としてその核戦略の犠牲にされてしまうという痛々しい日々の始まりを告げるものでした。

アメリカの核兵器管理体制と米軍

第二次大戦後のアメリカの核兵器管理は、広島と長崎に投下した原爆を開発した国家的事業であった「マンハッタン計画」が一九四六年末に停止され、新たな戦後体制が始まっていました。マンハッタン計画の軍事面を引き継いで新たに設置された米軍の機関は「軍特殊兵器プロジェクト」（ARMED FORCES SPECIAL WEAPONS PROJECT＝AFSWP（アフスワップ））と呼ばれて、マンハッタン計画の責任者だったグローブズが責任者になる一方で、あたらしく核兵器を含む核エネルギー関係事業全体の統括者として「原子力委員会」（リリエンソール委員長）が成立し、核兵器を含むすべての核エネルギー関連の事業は新しい原子力法のもと、文民統制（シビリアン・コントロール）の原則にもとづいて、この原子力委員会が取り仕切ることになりました。

その結果、アメリカ原子力委員会には、軍人は入れなくなりました。このあと、そうした状況を快く思わず、なんとかして核兵器の生産と管理のすべてを自らの手ににぎろうとする軍部の抵抗が、さまざまな形でおこなわれていくことになります。

その後、大統領を動かすなどして、核兵器管理のシビリアン・コントロールをあってなきが如きものにしようとする軍部の抵抗は、徐々に成功を収め、結局一九六七年に大統領の決裁により、軍が事実上、核兵器全部の管理権をにぎるという体制が成立したのでした。

こういう具合に、軍の抵抗によって核兵器を軍に移管する動きがすこしずつ進んでいったのですが、その間、一九四七年から一九五九年まで存続した前述のＡＦＳＷＰ（アフスワップ）が、軍の抵抗の足場となりました。同時に歴史的には、一九五〇年に始まった朝鮮戦争が、軍の意向を実現していくための重要なチャンスの一つになったのでした。

アメリカの核兵器開発&生産の拡大

第二次世界大戦後のアメリカによる核兵器開発・生産の拡大には、三つの波が見られます。[*4]

第一の波（一九四七年〜五一年）は、広島・長崎型原爆の改良と破壊力の増大を目標とし、核兵器開発を中心とした原子力開発を担う政府機関「原子力委員会」（ＡＥＣ）が四七年に設立されたことでした。

第二の波（一九五〇年〜五四年）は、トルーマン大統領の命令による水爆開発で、水爆を中心に「あらゆる形態の核兵器の開発促進」を目標としていました。これは、四九年のソ連の核兵器開発成功に対抗するための計画で、核軍拡の悪循環の始まりを告げるものでした。

第三の波（一九五二年〜五六年）は戦術核兵器を中心とするもので、第二の波とも一定期間、重なりながら進んでいきました。

第一の波の時期、一九四八年の「国家安全保障会議・決定第三〇号」（ＮＳＣ30）は、仮にアメリカが先制的にしかけたソ連との戦争においても、核兵器を使うという戦略を公式に確立して、核兵器を「勝利のための兵器」と位置づけました。

当時は、原爆はまだ大型の爆撃機にしか積めない時代でした。したがって、空軍だけが核を保有できる立場にあったわけで、それは陸軍と海軍にとっては好ましくない状態でした。そこで、一九四九年末から五〇年はじめにかけて、陸軍上層部は戦術核兵器必要論をとなえます。五〇年の六月四日には、当時のコリンズ陸軍参謀長が、砲弾や誘導ミサイルなど陸軍用の核兵器を開発すべきだと公式に表明しました。

朝鮮戦争で、原爆の使用を「精力的に検討」したアメリカ

その直後の一九五〇年六月二五日、朝鮮戦争が勃発し、同年七月、北朝鮮軍の攻勢を受けて、米軍・韓国軍が朝鮮半島南端の釜山(プサン)近郊にまで追いつめられる危機的事態に直面します。その際、核爆弾投下の任務を持つ一〇機のB29爆撃機隊が、西太平洋のグアムにある米軍基地に派遣されるのです。

それは、北朝鮮の都市を壊滅させるために核兵器を使うべきだという、バンデンバーグ空軍参謀長の主張にもとづくもので、七月三〇日にトルーマン大統領が承認しました。核物質をはずしたMk4核爆弾を積んだ一〇機のB29爆撃機は八月五日夜、サンフランシスコ郊外のフェアチャイルド・スサン空軍基地を出発しました。

しかし、この作戦指揮官のトラヴィス准将が搭乗したB29機が、離陸直後エンジントラブルで墜落し、積んでいた核爆弾の高性能火薬が爆発して核爆弾が飛び散るという重大な核兵器事故を起こし、トラヴィス准将も死亡してしまいます。

その結果、残りの九機がグアムに着きました。これらのB29爆撃機隊は、日本の横田基地

（東京）や嘉手納基地（沖縄）から朝鮮爆撃をくりかえしていた他のB29爆撃機部隊とは行動をともにせず、朝鮮爆撃をおこなわないまま、Mk4核爆弾をグアムに残して九月半ばにアメリカに戻りました。[*5]

アメリカ政府が再び朝鮮戦争での核兵器使用を具体的に検討したのは、中国軍の介入で前線の状況が一変し、米軍地上部隊が中国軍などに包囲されるという苦戦を強いられた一九五〇年一一月末のことでした。

B29爆撃機（米空軍）

トルーマン大統領は一一月三〇日の記者会見で、朝鮮情勢に対処するため「われわれが持っているすべての兵器」の使用を含め必要な措置をとるとのべました。「それには原爆の使用も含まれるのか」との質問が出されると、トルーマンは原爆の使用は「精力的に検討中」と答えました。核兵器の使用を示唆したその発言は、ただちに世界中から大きな抗議を受けます。

対中国政策の違いから朝鮮戦争の拡大に批判的だったイギリスでは、労働党のアトリー政権だけでなく、保守党の前首相チャーチルもトルーマン発言を強く批判し、イギリスでの第二次大戦後最大の「国際的な責任追及論争」（ロンドンのアメリカ大使館の表現）に発展したのです。その背景には、アメリカの核兵器使用がソ連の強硬姿勢を呼び起こし、ヨーロッパでのアメリカとソ連の核戦争にまでエスカレーションすることへの強い懸念もありました。

そして、この章の冒頭でもふれた通り、アトリー首相はアメリカに飛んでトルーマンと会談すると発表し、核兵器の使用を未然に阻止する強力な外交攻勢に出ました。会談は一二月上旬にワシントンで五日間にわたっておこなわれ、トルーマン政権は核兵器の使用を思いとどまることになったのです。

アメリカが核兵器の使用にもっとも近づいたとき

しかし、それでアメリカの核兵器使用の可能性が消滅したわけではありません。朝鮮戦争において、アメリカが核兵器の使用にもっとも近づいたのは、一九五一年四月以降の約半年余りのことでした。それは、大統領の意向を無視して「中国本土への攻撃も辞さず」と声明（三月二四日）して罷免（四月一一日）された、マッカーサー朝鮮国連軍司令官の突然の解任劇と時期が重なっています。

トルーマン大統領は、大統領の意向を無視して中国への戦争拡大を無謀に推進したマッカーサーの命令違反には断固たる処置をとる一方、統合参謀本部と協議のうえ核の使用に向けた準備態勢を強化しました。

統合参謀本部が四月五日、もし中国東北地方から米軍に対する大規模攻撃がしかけられた場合、同地域の基地に対して核による「報復攻撃」を加えるとの指示書を提出したのに対し、トルーマン大統領は翌六日これを承認します。その結果、ただちに核兵器を積んだＢ29爆撃機のグアム派遣が命じられました。

当初、グアムに配備されたＢ29爆撃機部隊は、作戦行動のため沖縄に向かう予定でしたが、すぐにグアムにとどまるよう変更されました。ただ、若干の文献には、核爆弾を積んだ同Ｂ29爆撃機隊が沖縄の嘉手納基地に飛来したと記されています。

すでに三月末には、嘉手納基地内の核爆弾の積載用施設が作動可能な状態になっていたとの、ストラトマイヤー極東空軍司令官の報告書も存在します。

さらに、一九五一年秋の北朝鮮上空における米空軍の核模擬爆弾投下作戦は、嘉手納基地から発進したＢ29爆撃機隊によっておこなわれています。ですから、もしもこのとき朝鮮戦争で本当に核攻撃がおこなわれていたら、嘉手納から出撃したＢ29爆撃機部隊がそれに参加したことは確実です。その後、核攻撃の任務を帯びたＢ29爆撃機部隊は、五一年暮れまでグアムに駐留しつづけました。

朝鮮戦争当時の核兵器使用態勢

トルーマン政権は朝鮮戦争の勃発直後から、同戦争における「原爆を使った爆撃研究」（米統合参謀本部）を開始するなど、核兵器を使用する可能性を視野に入れた検討作業を始めていました。

戦後日本は世界で唯一の原爆被爆国として、核兵器の非人道性を他国の人びと以上に切実に訴えるべき立場にいたにも関わらず、実際には、戦後早くから自分たちの国が、新たな原爆使用を想定した核戦争の準備基地にされつつあった事実がひた隠しにされ、その計画は完全に秘密のうちに進行していったのです。

たとえば、当時、次のようなことが起きていました。

朝鮮戦争二年目の一九五一年夏、東京の横田基地と沖縄の嘉手納基地の二つの米空軍基地では、B29戦略爆撃機を中心に、朝鮮での原爆投下作戦がひそかに準備されていました。

当時は敗戦後、本土から切り離され、きびしい占領体制がとられていた沖縄だけでなく、日本全土が依然として連合国軍（実質は米軍）の占領下におかれていて、まだ対日平和条約も結ばれていない時期でしたから、国民の言論・表現の自由も保障されておらず、米軍のこうした動きは、いっさい明らかにされないまま進められていたのです。

あの時期に米軍が日本各地でおこなった朝鮮半島での核攻撃のための基地利用は、その後の米軍による日本の基地利用の歴史の中でも、とくに重視すべき位置を占めています。

一九五〇年代の米軍による海外核配備の開始

すでにのべたように、一九五〇年一一月三〇日、トルーマン大統領が朝鮮戦争で原爆を使う可能性について発言すると、イギリスを含む世界各国から大きな抗議の声が湧きあがりました。その抗議の声からアメリカ政府が学んだのは、次のようなことでした。

全面戦争を恐れる国際世論の真正面からの反対を受けずに、また国際的非難の矢面に立たされることなく、全面戦争に発展する心配のない戦術的、限定的な方法で核兵器を使うための計画を考える必要がある。

その結果、一九五一年から核兵器の小型化、つまり「使える核」としての戦術核兵器の開発に力がそそがれてゆくのです。たとえばブライアン・マクマホン上院議員はこの時期、議会に「核兵器開発突撃計画」を勧告しています。

川上幸一『原子力の政治経済学』(平凡社)によると、「核兵器開発突撃計画」の目標は、「多様な核兵器による陸・海・空軍の『全核武装』であり、核兵器の大型化、爆発力の極大化をめざしてきたそれまでの方針からの大きな転換」でした。

トルーマン大統領はこの勧告をもとに一九五二年一月、ウラン235(核分裂するウラン)の新生産目標を承認しました。その実現のため、同年七月からの会計年度に四〇億ドル以上の大予算が計上され、ミサイル、水雷、地雷、原子砲など様々な核兵器の量産と、それに必要な核物質の増産の体制づくりが進みます(『原子力の政治経済学』)。

一九五三年に就任したアイゼンハワー大統領は、トルーマン政権の戦術核兵器の開発を引き継ぎ、戦術核兵器の本格的な量産と、その初めての海外配備をおこないました。五四年には、米軍の戦術核兵器がNATO(北大西洋条約機構)加盟国に持ち込まれて配備され、NATOは「ヨーロッパの防衛の基礎を核兵器におく」ことを決定しました。

この時期、トルーマン政権とこれにつづくアイゼンハワー政権は、一九五〇年代前半の水爆開発の方針とその実行により、核兵器の軍拡の新しい段階に突入しました。アイゼンハワー大統領のもとで一九五三年秋に確立した国家安全保障会議決定第一六二・二号(NSC162/

2）は、「交戦のさい、アメリカは核兵器を他の兵器と同じように使えるものと考えるであろう」と明言して、軍部に対して核兵器を「戦時に使える兵器」と位置づけるよう、あらかじめ指導したのです。

この新しい核戦略が採用された結果、一九五〇年代前半には、アメリカの核兵器はすっかり新型と入れ替わったうえに大規模な備蓄戦力が実現し、水爆も完成して、アメリカの核戦力の総体は空前の規模となりました。アメリカの核兵器一個あたりの平均爆発力も、一九五七年時点で三メガトンを越えるまでに超大型化していたのです。

しかしアメリカは、一九四九年のソ連による原爆開発の成功と五七年の世界初の人工衛星スプートニク打ち上げ成功という現実に直面した結果、ソ連からの核報復攻撃や、米ソ間の核戦争がもたらす危険に、自らの脆弱性を感じさせられるようになります。

ドワイト・アイゼンハワー
(1890-1969)
(ホワイトハウス)

また、核兵器の使用を嫌悪し反対する国際世論がひろがり、日本の原水爆禁止運動も展開され始め、国際的な影響をひろげていきます。その結果、同盟国政府のあいだからもアメリカの核使用政策への懸念や批判が示されるようになりました。

こうした事態にぶつかったアメリカは、新しい核戦略を模索します。その出口の一つは、核軍縮の国際世論に応えるふりをしながら始めたソ連との核兵器問題での軍備管理交渉であり、それを通じた「核大国クラブ」の事実上の実現でした。

もう一つの出口は、ソ連との全面的な核戦争にならないレベルでの、戦争における戦術核兵器の限定的な使用計画です。後者は一九五七年初夏の「国家安全保障会議決定第五七〇七・八号」(NSC5707/8)によって、正式に戦略的位置づけを与えられました。[*6]

アメリカの核戦争態勢に深く組み込まれていく日本

アメリカはいまも、国外への核兵器配備政策を続ける世界で唯一の国です。他国への核兵器の持ち込みは、核先制使用戦略の出撃拠点を確保するためのものであり、全地球的なアメリカの核兵器戦略を成立させる大きな柱となっているのです。

アメリカ政府の核兵器・国外配備に関する解禁秘密文書によると、国外への核持ち込みにおいて、第二次世界大戦後の早い時期から、日本はイギリスとならんで、最も突出した海外の核兵器配備基地として位置づけられていました。

日本の場合、とくに本土から分断されアメリカの軍事的植民地支配下にあった当時の沖縄が、

むきだしの「自由な核兵器基地」とされたのに加えて、同じく分断支配下にあった小笠原や、日本本土もまた、これに準じた位置づけをされていました。

アメリカは一九五〇年代に入ると同時に国外での核兵器配備に乗り出し、五三年ごろからその展開は本格的になりますが、そこに至るまでの動きをまずここで見ておきましょう。

一九四五年の大戦終結直後からおよそ五～六年の間は、米軍内でも核兵器を使用する権限が与えられていたのは空軍（空軍創設までは陸軍航空部隊）だけで、なかでも広島と長崎に人類最初の原爆を投下した経験を持つＢ29爆撃機を主力とする米戦略空軍（ＳＡＣ）だけが、唯一の核兵器部隊でした。**その時期から沖縄は、ＳＡＣの爆撃機部隊が核攻撃のさいに最優先に活用することのできる、東アジア唯一の出撃基地となることがすでに構想されていたのです。**

戦後最初の二五年ほどの米軍の核兵器展開の経過を記述した解禁秘密文書[*7]は、米統合参謀本部が一九四八年一月、戦略核戦争計画「ダークホース」を承認したとのべています。

この計画は、二〇キロトンの爆発力を持つ原爆五三発を使って、ＳＡＣがソ連への核攻撃をおこなう態勢をとるというもので、一九五一年初めまでに作戦を実施するための態勢を完成させることが目標とされました。

その中で、**「この原子作戦に必要とされる基地」として、最も優先的に利用すべき一次的基地に沖縄とイギリスを挙げています。**そして、一九五二年秋から年末にかけ、米軍の核戦争遂行に必要な情報の受信・集積・編集・調整・中継などのための「ウォー・ルーム」を持つ野戦司令所として、東京のパーシング・ハイツとイギリス（ロンドンの北のハイウィコム）の二カ所に「統合調整センター」（JCC）を設置し、米国防総省の統合戦争司令室「ウォー・ルーム」との間に直結通信回路を構築したとあります。パーシング・ハイツとは当時、東京都新宿区市ヶ谷にあった在日米軍司令部のことです。

このように、海外配備の始まりの時期から日本がアメリカの核戦争態勢に深く組み込まれていたことがわかります。

すでにふれたように、米空軍は朝鮮戦争さなかの一九五一年、グアムの基地に原爆九個を持ち込み、原爆使用の準備態勢をとりました。そして、東京の横田基地と沖縄の嘉手納基地にも、原爆使用に備える臨戦態勢をしきます。横田基地には、米戦略空軍の副総司令官トマス・パワーが長期に派遣され、隠密裏に核兵器作戦を指揮しました。嘉手納基地では、B29爆撃機の胴体下部の弾倉に、四・七トンもの重量がある大型の長崎型原爆を装塡するための半地下式の特別装置がつくられました。

一九五一年九月から一〇月にかけ、朝鮮半島で核兵器を使用するための実戦訓練飛行として、模擬原爆を積んだB29機がひんぱんに嘉手納基地から飛び立ち、生々しい実戦さながらの原爆投下演習飛行「ハドソン湾作戦」を朝鮮上空でくりかえしました。

沖縄に初めて地対地核ミサイル（地上から発射され地上の目標に対して使用されるタイプの核ミサイル）が持ち込まれたのも、朝鮮戦争のときでした。ホワイトハウスでアイゼンハワー大統領首席秘書官（一九五三〜五八年）だったシャーマン・アダムズが「証言」しています。[*8]

この地対地核ミサイルがどの型のものだったかは分かっていませんが、当時、アメリカで開発に成功したばかりだった、地上発射用の核弾頭付き榴弾砲であった可能性もあります。

アメリカの核持ち込みを拒否できないない日本政府

一九五二年四月に発効した対日平和条約（サンフランシスコ平和条約）と旧日米安保条約のもとで、日本全土は米軍の軍事活動の自由な展開の場とされました。当時は、安保改定後のようなごまかしの「事前協議」なども、いっさい気にする必要がなかったのです。これが朝鮮戦争など、アメリカのアジア核戦略のために日本全土が利用されつづけた根本的理由でした。

当時の安保条約には、日本への核兵器の配備を束縛するような条文や取り決めはいっさい存在せず、米軍は実際に日本への核兵器の持ち込みを自由におこなうことができました。

しかし、日本国民の核兵器に対する不安感が次第に高まる状況を危惧した日本政府は、対応

策を協議し、その結果、一九五五年に重光外相がアリソン駐日米大使と話しあって、「核兵器を日本に持ち込む際は、米側が事前に相談することになった」と国会で答弁しました（一九五五年六月二七日・重光外相）。

しかし、実はこれはまったくの虚構でした。

そのため、東京のアメリカ大使館は、ただちに日本政府に対して、「アリソン大使は、日本における原子兵器の貯蔵に関しなんの言質も与えなかった」し、「アメリカ政府はなんらか特定の態度をとるようしばられるものではない」とひそかに抗議的通告をおこなっていました。[*9]

こうして、核持ち込みに際しては「事前にアメリカ側が相談することになった」との日本政府のこの国会での説明は、日本政府の勝手なでっち上げであることが明らかになったのです。

しかし、このような歴然たる嘘で日本国民をごまかそうとする日本政府の核兵器問題での基本姿勢は、その後もいささかも変わることはありませんでした。

それは、日本を核兵器の攻撃基地にしようとするアメリカ政府の基本政策の前で、日本国民に真実を隠しとおす以外に、日本政府がとるべき道がないことを、彼ら自身の行動がはっきりと裏づけることになったのです。

一九五三年は日本への核持ち込みの「元年」

朝鮮戦争が勃発したこともあり、一九五〇年代のごく早い時期を境に、核兵器の使用は空軍の独占ではなくなり、海軍や陸軍にも、また海兵隊にも、核攻撃のための部隊がつくられていきました。それとともに海外（国外）への核兵器配備が本格化し、アメリカの核戦争基地としての日本の位置づけも、より多面的なものになります。**五三年には、沖縄や日本本土にあいついで核持ち込みがおこなわれたことが、アメリカの文献などで指摘されています。**

たとえば、アイゼンハワー大統領の補佐官を勤めたアダムズは、回顧録[*10]で、アメリカが朝鮮戦争休戦（一九五三年七月）間際におこなった核攻撃の威嚇との関連で、**「一九五三年春に原子ミサイルを沖縄に移動させた」**とのべています。

日本本土でも五三年に、海軍航空基地の厚木基地（神奈川県）に核攻撃任務だけを持つＡＪ－１サベッジ爆撃機部隊（第六海軍混成航空群）が配備されました。[*11]ＡＪ－１機は、米海軍が核攻撃専用につくった艦載爆撃機で、海外に配備されたのは厚木とフランス領モロッコだけでした。

航空母艦オリスカニ（米海軍）

同機は、オリスカニ級の空母から核攻撃に飛び立つことを予定していましたが、機体重量が二四トンときわめて重く（後の核攻撃用艦載機A4スカイホークは五トン以下）、同機に積んだ主な核爆弾のMk6やMk8も四トンまたは一・五トンとこれまた重量がかさんだため（現在の核爆弾B61の重量は三〇〇キロ台）、核を積んだAJ－1サベッジ爆撃機を空母に載せるには多数の艦載機を他に移す必要があったのです。**ソ連封じ込め作戦のための核攻撃戦力を空母用に配置することを意図した米海軍は、モロッコについで日本の厚木基地を初期の艦載核爆撃機の常駐基地にしたのでした。**

そして、核爆弾を積んだ初めての米海軍艦船、空母オリスカニが横須賀基地に寄港したのが、一九五三年一〇月一五日で、続いて佐世保と神戸に入港しました。米軍によるひそかな核持ち込みの歴史の幕開けでした。

私がアメリカの国立公文書館で当時の空母オリスカニの航海日誌を調べたところ、核爆弾を積んで初めて太平洋方面に配備された五三年秋～五四年春の航海では、横須賀（五回）、佐世保

（二回）、神戸（二回）に寄港した事実を確認できました。

この核を積んだ空母の日本寄港が始まって以来、艦船などによる日本への一時持ち込み型の核配備が慣習化します。しかし、米軍部はこれに飽き足らず、核兵器の常時配備の実現を目指したのです。

当時のアメリカ政府の全世界的な基本方針は、米軍基地のあるすべての国に核兵器を常時配備するというものでした。

「在外米軍が戦闘任務遂行のため核兵器への依存をふやす以上、米軍が駐留する国々に核兵器を自由に配備できなければならない。また、戦時には核兵器の使用に特別の制約をくわえられないようにしなければならない」[*12]

Mk7核爆弾（米空軍国立博物館）

空軍では、ＳＡＣにとどまらず、戦術空軍の核攻撃戦力化も進みました。**五三年には米空軍の小牧基地（愛知県）に戦術核爆弾Ｍｋ７が持ち込まれたといわれています。**[*13] Ｍｋ７は最初の戦術核爆弾で、重量は七〇〇キロ。朝鮮戦争中にトルーマン大統領の指示で猛スピードで開発され、当時最も小型の原爆でした。

沖縄はアジア全域対象の核戦争基地へ

核基地化のなかで、あからさまに事態が進行したのは、やはり米軍全面占領下の沖縄でした。アメリカは、「核兵器の貯蔵や使用の権限について（略）制限が存在しない」[*14]という沖縄の状況を利用し、沖縄にアジア最大の核戦争基地を構築しました。沖縄県民の人権をじゅうりんして、文字通り「銃剣とブルドーザー」により土地を強奪し、核戦争基地建設のための米軍用地を拡張したのです。

その結果、沖縄の核戦争基地は、全アジアを作戦区域とする米軍の核戦略の要として機能することになりました。そのことは、米空軍の嘉手納基地に配置された核攻撃部隊や、核砲弾と核地雷を装備して沖縄本島各地に駐留した米海兵隊についてもいえますが、**典型的な例として、膨大な核兵器貯蔵庫を有した米空軍弾薬部隊があげられます。嘉手納基地に隣接する広大な丘陵地帯に、五万トン分の弾薬貯蔵施設を保持した弾薬部隊がいすわりました。米空軍第四〇〇弾薬整備中隊（戦域）（４００ＭＭＳ）が、それです。**

この部隊は一九五四年、アメリカの核兵器部隊の本拠――「マンハッタン計画」を引きつい

嘉手納弾薬庫地区（沖縄タイムス／共同通信イメージズ）

だ「米軍特殊兵器プロジェクト」（ＡＦＳＷＰ）の司令部――のニューメキシコ州サンディア基地から嘉手納に配属され、六三年からは太平洋地域全域への核・非核弾薬の「戦域貯蔵」任務を負いました。アジアに配備中のすべての米空軍部隊のために、核兵器の貯蔵・供給・保守・修理・処理をおこなうというもので、日本本土を含むアジア・太平洋各地の米軍基地に分遣隊や臨時のチームを送り出していました。

小笠原も当時は、米軍の全面占領下にあって本土から切り離され、若干の例外を除き住民の帰島が許されませんでした。ここでも一九五六年二月に米海軍が父島に潜水艦発射用の核兵器を持ち込み、また硫黄島の米空軍飛行場には沖縄の空軍第七戦術補給中隊分遣隊によって核兵器が貯蔵されました。[*15]

日本本土への核持ち込みの実態

一方、日本本土においては、空軍の場合、核兵器を積んだ航空機の一時的な立ち寄り（トランジット）や、核物質を外しただけの核爆弾の持ち込みが、また海軍の場合、核兵器を積んだ空母の寄港が、いくつもの基地でみられるようになります。

米軍首脳部は一九五四年、「核兵器から核物質を外した部分」（非核コンポーネント）だけの、日本本土での貯蔵を認可しました。[*16] この決定が、日本国内に核持ち込み反対の強力な世論が存在したことの影響によるものだったことは、五〇年代の日米首脳会談での協議の記録などから明らかです。

アメリカ政府と米軍はその一方で、対日最高方針の一つとして、当時から一九六〇年代にかけて、日本本土における核兵器の「常時貯蔵」のなるべく早い実現を、重要目標としていました。けれども日米間の法的取り決めがどうかという以前に、日本国内の政治的条件のため「平時」には常時核貯蔵をおこなえない状況が存在していると、アメリカ側が独自に判断していたようです。

もっともこのことは、「有事」の際に米軍の必要にもとづいて日本本土に核兵器を持ち込む作戦計画を排除するものではありませんでした。多くの在日米空軍基地などで、緊急事態が発生すれば、「核兵器用の核物質部分」（核コンポーネント）を持ち込んで、あらかじめ貯蔵されていた核物質抜きの核爆弾（非核コンポーネント）と合体させる手順や、あるいは完成核兵器を迅速に持ち込むための手順が、当然のこととしてつくられていたのです。現に様々なアジア内外の国際的危機において、本物の核兵器持ち込みがおこなわれたという元米軍関係者らのいくつかの目撃証言が、米空軍基地を中心に多くの基地に関して存在します。

C130輸送機（米空軍）

沖縄の嘉手納基地では一〇機以上のC130輸送機が、核兵器または核兵器にとりつける核物質を常時積んで、いつでも三沢、横田、板付の三空軍基地に向け発進できる特別の輸送作戦体制を、昼夜を問わずとっていました。

暗号名で「ハイ・ギア」作戦と呼ばれたこの作戦は、いま確認できる解禁秘密文書では、一九六二年三月時点からのものです。しかし、この作戦そのもの、または類似の核緊急輸送計画は、五〇年代からとられていたことが、様々な情報から裏づけられています。

アメリカ、ペンシルバニア州の新聞コラムニスト、ポール・カーペンター氏は一九九五年八月、新聞紙上で、自分が沖縄駐留の核弾薬部隊だった第七戦術補給中隊で、五〇年代末以降、Mk7核爆弾などの整備作業をしていた経験を明らかにし、同部隊派遣チームの日本本土での活動についてものべています。

それによると、仲間二人と自分が青森県三沢基地で核物質が取り付けられた「使用可能状態」（オペレーショナル）の核爆弾を目撃したこと、またルイジアナ州在住のガード・ウェイト氏ら三人の仲間が、福岡市の板付基地でも「使用可能状態」の核爆弾を見たことを報告し、現時点でこれらの事実をあらためて確認した元核兵器整備要員らの氏名と現居住地を明らかにしています（「モーニング・コール」紙九五年八月九日付）。

一方、一九五〇年代から日本本土では、核兵器を積んだ空母の寄港が普通になりました。五〇年代初頭のように、通常時の配備を陸上基地に限らなければならないようなAJ爆撃機型の艦載機は、すでに過去のものになり、機体も核爆弾もともに小型化して、空母への常時積載が基本パターンとなったのです。

グリフィン海軍作戦部長代理がのちにホワイトハウスの会議でのべたように、**「一九五〇年代の早い時期から核兵器は通常、日本の港湾に寄港している空母の艦上に積載」され、横須賀、**

佐世保その他への寄港が頻繁にくりかえされるようになったのです。それとともに、海軍と一体の海兵隊岩国航空基地の核戦争基地化も進みました。

驚くべき米軍の「核兵器管理の委譲先リスト」

日本全土の核戦争基地化がどれほど広範囲におこなわれたかは、一九五六〜五七年の米極東軍の「核作戦のための管理運用規定（SOP）」の付属文書の、核持ち込みをおこなう際の「核兵器管理の委譲先リスト」[*17]からも明らかです。

それによると、沖縄、小笠原を含む日本の一四カ所の施設または部隊が、必要な場合の核兵器管理の移譲先として指定されていました。ほかにも、一〇カ所に核兵器処理能力を持つ米軍の専門部隊が駐留していました（74ページ表参照。地名は現在の地名）。

核兵器管理の移譲先リスト	
米極東陸軍	池子弾薬庫（神奈川県逗子市） 楚辺琉球米陸軍弾薬庫（沖縄県読谷村） 嘉手納空軍基地〔実際は嘉手納基地に隣接する「嘉手納弾薬庫」〕――第七戦術補給中隊（沖縄県読谷村ほか）
米極東空軍	硫黄島中央飛行場――第七戦術補給中隊第一分遣隊（東京都小笠原村硫黄島） ジョンソン空軍基地――第三整備補給群（埼玉県狭山市） 嘉手納空軍基地――第一二戦闘爆撃機中隊（沖縄県嘉手納町ほか） 板付空軍基地――第八〇戦闘爆撃機中隊（福岡県福岡市） 三沢空軍基地――第八戦闘爆撃機中隊（青森県三沢市） 小牧空軍基地――第九戦闘爆撃機中隊（愛知県小牧市）
米極東海軍	佐世保海軍弾薬施設（長崎県佐世保市） 那覇海軍航空施設（沖縄県那覇市） 横須賀海軍弾薬施設（神奈川県横須賀市） 岩国海軍航空基地（山口県岩国市。のちの米海兵航空基地） 厚木海軍航空基地（神奈川県綾瀬市ほか）

核兵器処理能力を持つ施設	
米極東陸軍	第七弾薬処理分遣隊（ＥＯＤ＝爆発物処理班）（神奈川県逗子市、池子弾薬庫） 第一七弾薬処理分遣隊（ＥＯＤ）（宮城県柴田町、船岡弾薬庫） 第一八弾薬処理分遣隊（ＥＯＤ）（京都府相楽郡精華町、祝園〔ほうその〕弾薬庫） 第五弾薬処理分遣隊（ＥＯＤ）（沖縄県浦添市牧港）
米極東空軍	第五四六弾薬補給中隊弾薬庫（沖縄県、嘉手納基地） 第二七一五弾薬補給中隊弾薬庫（東京都立川市、立川空軍基地） 第二七一六弾薬補給中隊弾薬庫（福岡県北九州市小倉南区、山田弾薬庫） 第二七一八弾薬補給中隊弾薬庫（愛知県春日井市高蔵寺）
米極東海軍	海軍弾薬施設（神奈川県横須賀市） 海軍弾薬施設（長崎県佐世保市）

台湾海峡紛争で、核攻撃を想定していた米軍

一九五〇年代に、アメリカが東アジアで核兵器の使用を考えた事例としては、朝鮮戦争のほかに台湾海峡紛争がありました。

一九四九年に中華人民共和国が成立し、内戦に敗れた国民党の残存勢力は台湾にいすわりました。内戦当時から国民党側に軍事的支援を続けてきたアメリカは、これとの軍事同盟関係を結びます。

そして、一九五四年から五五年にかけてと、一九五八年夏に起きた二度にわたる台湾海峡紛争では、米軍は軍事介入を試み、核兵器使用計画を立てました。その際、日本が核戦争基地として位置づけられたのです。

紛争は、台湾側が支配する中国本土沿いの小島、金門島（きんもんとう）（福建省アモイの沖合一〇キロ）と馬祖島（ばそとう）（福建省沖二四キロ）をめぐっておこなわれました。「本土反攻」をとなえてこれら小島の軍備増強を進めていた台湾側と、金門島などへの砲撃で「台湾解放」を示威する中国側が交戦したのです。

アメリカは台湾側に軍事支援をおこなう一方、米軍が直接、軍事介入する局面も起こりうると想定し、その場合は核兵器の使用が避けられないとの戦略方針を決定していました。実際にその戦略にもとづいて、台湾および日本を含む近隣地域に核戦力を集結させ、核戦争態勢を発動寸前の状況においたのです。

第一回の台湾海峡紛争のさいは、一九五五年三月一〇日の国家安全保障会議（ＮＳＣ）で、当時のダレス国務長官が「金門、馬祖を守るのなら原子兵器を使わなければならない」と断言しました。[*18]

アイゼンハワー大統領も三月一六日に、ある記者に「アメリカはアジアで全面戦争が起きたら戦術核兵器を使うつもりですか？」と聞かれて、「厳密に軍事的目標に対してなら」と前置きしながら「イエス」と答えました。[*19]

当時、第七艦隊などが台湾海峡に集結しており、こうしたアメリカ政府首脳の発言が言葉だけのものではないことを見せつけたのでした。

第二回の紛争では、台湾側と米軍の増強が続くなかで、中国側は一九五八年八月二三日に金門島への砲撃を開始しました。そのとき米軍は、核兵器使用の戦略を、三年前の第二回の紛争時よりも多面的に構築していました。戦略核戦力と戦術核戦力を組み合わせて中国攻撃に使う計画が確立していたのです。

すでにこの年の五月一日の国家安全保障会議（NSC）で大統領が承認した「全般的戦略5810／1」は、アメリカの基本的な国家安全保障政策の基本的考え方として、「核兵器だけに頼るのではないが、それに主として依存する」と規定し、「軍事的観点からは核兵器を通常兵器とみる」立場を示していました。[20]

これを東アジア地域向けに具体化した戦略文書「極東における限定戦争でのアメリカの核使用にたいする中ソと自由世界の反応」（SNIE100－7－58、一九五八年七月二十二日）や、同じ時期の「米太平洋統合軍作戦計画25－58」では、いずれも米軍の介入で金門島作戦をおこなう場合、核兵器を使用することになると想定されていました。

中国側の砲撃開始から一〇日後の九月二日、ダレス国務長官を中心に国防総省首脳らが加わって台湾海峡問題の会議が開かれます。ここで国防総省代表は、三つの戦況が予測されると説明し、それぞれの場合、どの段階で核兵器の使用が必要かの見通しを次のようにのべました。

中国軍が上陸作戦をしてきた場合（第一状況）、最初から核を使う必要はないが、上陸作戦が長引けば核を使う必要が生じるだろう。

金門島などへの大規模砲撃が続き、台湾側の防衛軍の士気低下を招く場合（第二状況）、本土側の砲撃陣地への核攻撃で対応できるだろう。

大規模な中国軍の空爆が続く場合（第三状況）、確実に核兵器を使わなければならないだろう。

では、中国本土の飛行場を核攻撃するとしたら、どの種類の核兵器を選択するか、というダレス長官の質問に答えて、トワイニング統合参謀本部議長は、「七〜一〇キロトンの核爆弾を空中爆発させる」予定だと答えました。

そして、最初の攻撃には中国本土沿岸の五カ所の飛行場に一個ずつの核爆弾を投下する。そこで核攻撃をいったん停止して中国側の出方をみると説明しました。核爆撃のいっそうの拡大と長期化を計算に入れていたのです。

統合参謀本部は、この紛争で中国に対して核兵器を使用した場合、中国側にどのくらいの犠牲者が出るかという数字もはじきだしていました。それによれば、中国本土への核爆撃は、当初は金門島の対岸の数カ所の飛行場への核爆撃から開始するが、攻撃対象には人口密度がきわめて高い「上海、漢口、南京、広東の広大な人口密集地帯の軍事目標が含まれる」ので、「広島や長崎に投下された二〇キロトン相当の威力をもつ兵器」などが使われることになり、「戦争終結までに数百万にのぼる非戦闘員の犠牲が出るだろう」と予測していました（スミス国務次官補発のハーター国務次官のための台湾海峡問題のための覚書、同年八月十三日付）[*21]。

このように**アメリカは、中国国内に数百万もの死者をつくりだすことを承知で、具体的な核**

兵器使用計画を立てていたのです。

台湾海峡紛争における核兵器の使用準備と日本への持ち込み

一九五〇年代の二度にわたる台湾海峡紛争時のアメリカの核兵器使用戦略で、見過ごすことができないのが、日本の存在です。というのも沖縄をはじめとする日本は、この戦略の中心拠点として機能していたからです。

それだけではなく、台湾海峡紛争におけるアメリカの必要から生じた核兵器配備の強化方針との関係で、日本への核持ち込み――それも核兵器の本格的配備――を認めよというアメリカ政府の圧力が一気に強まり、核持ち込みの疑惑も表面化していくことになります。

一九五五年三月、アイゼンハワー大統領とダレス国務長官が、中国に対して必要なら核兵器を使うとくりかえし公言しましたが、その折りも折り、日本では三月一四日に、当時の鳩山首相が、「力による平和を正当として是認するなら〔原爆貯蔵を〕認めなければならないだろう」と、核持ち込みを容認する重大発言をおこなったのです。

その発言は、台湾海峡での核兵器使用計画を背景にしたアメリカの新たな日本への核持ち込み要求と、深い関わりを持っていたと考えられます。実際、当時の報道も、同年八月に日本に持ち込まれたアメリカの地対地ミサイル「オネスト・ジョン」の持ち込み要請は、一九五五年三月にはすでになされていたと指摘しました。

一九五八年の二度目の台湾海峡紛争においては、台湾および周辺地域でのアメリカの核戦力の集結ぶりは、一九五四～五五年の台湾海峡紛争当時を大きく上まわるものでした。その中心になったのも、やはり日本の米軍基地でした。

たとえば、横須賀を拠点とする米第七艦隊は、地中海の第六艦隊からの空母の応援も得て、「ハンコック」や「エセックス」など四隻の空母を台湾海峡とその周辺に派遣しました。空母戦力は当時、すでに核攻撃戦力を中核に構成されていました。

米軍内の極秘文書にもとづいて、この年の台湾海峡紛争の全経過を詳細に追跡したモートン・ハルペリンの秘密報告書「一九五八年台湾海峡危機――公文書に見る経過」は、たとえば台湾沖の空母「ハンコック」一隻だけで、そこに積載されていた核攻撃可能な航空機は一六機にものぼったと記録しています。[*22]

つまり攻撃命令が発令されると、すぐに核兵器を積んで飛び立つ態勢をとっていた核攻撃専用の航空機が一六機もあったという意味です。このほかにも米海軍は、空母艦載機と同型の核攻撃機A３スカイウォリア攻撃機を、東アジアの一連の米海軍陸上基地に展開させていました。

台湾海峡紛争に動員された米空軍の核戦力も、沖縄を含む日本に駐留する米空軍戦術航空部隊が中心でした。そうした一九五八年の台湾海峡紛争への対処のため、有事態勢に突入した在日米空軍の核戦力には、次のものが含まれていました。[*23]

▽嘉手納（沖縄）基地のＦ１００Ｄ／Ｆ戦闘機部隊（第一八戦闘爆撃航空団）

▽嘉手納基地に米ニューメキシコ州キャノン基地から臨時に派遣されてきたＦ１００戦闘機部隊（第二七戦術戦闘航空団第五二二飛行隊所属）

▽那覇（沖縄）基地に米バージニア州ラングレー基地から臨時に派遣されてきたＢ57爆撃機部隊（第三四五戦術爆撃群分遣隊）

▽板付（福岡）基地のＦ１００Ｄ戦闘機部隊（第八戦闘爆撃航空団）

▽三沢（青森）基地のＦ１００Ｄ／Ｆ戦闘機部隊（第二一戦闘爆撃航空団所属第五三一戦術戦闘中隊）

これらの一部は台湾に移動しましたが、他の部隊は日本の基地で出撃態勢をとっていたのです。のちに『航空ジャーナル』編集長の青木日出雄氏は、一九五八年の台湾海峡紛争のとき、アメリカから嘉手納基地に飛来したＦ１０１ブードゥー戦闘機へのＭｋ７核爆弾積載中の現場写真を、米空軍写真公文書館で入手し同誌上に公開しました。[*24]

台湾海峡に展開する米第七艦隊のエセックス級航空母艦と支援艦艇（米海軍）

在日米空軍基地のＦ１０１機やＦ１００機、Ｂ57機などの核攻撃機部隊は、台湾とフィリピンの核攻撃機の部隊とともに、五八年八月二九日、「Ｘレイ・タンゴ」という名の混成航空打撃部隊を編成し、台湾海峡紛争への出撃態勢を強化しました。[*25] グアムでは核戦略爆撃機部隊が、夜間や悪天候下の爆撃行に備えて核出撃の態勢をとっていました。

当時、「太平洋空軍は、すべての爆撃機に対し、通常弾薬とともに核能力の保持を命じていたが、実際には、太平洋空軍に出されていた別の複数の具体的指示により、核兵器投下能力の発揮に専念するよう命じられていた」（ハルペリン報告書）。

沖縄駐留の米海兵隊は、核砲弾つきの八インチ野砲（榴弾砲）六門を、通常砲弾用の同野砲六門とともに、台湾に派遣しました。これはただちに最前線の金門島に陸揚げされました。沖縄からの原子砲の台湾への投入は、じきじきに「アイゼンハワー大統領の選択によるもの」でした。[*26]

台湾とその周辺に集結した米空軍と米海軍の核攻撃部隊は、

「核兵器を持っていることがよく知られており、正確な言い方をしたら、『史上最も強力な航空・海軍打撃戦力』をアメリカは台湾地域に集結させたのだ」

と、元国家安全保障担当米大統領特別補佐官のマクジョージ・バンディが強調しています。[*27]

その核兵器を持った「史上最も強力な航空・海軍打撃戦力」の中核となる戦力が、沖縄駐留米軍を主力とした日本に駐留する米軍部隊だったのです。一〇月に入ると中国側の砲撃が終息したため、危機は回避されたものの、**台湾問題での中国に対する戦争計画に、沖縄をはじめ日本は核攻撃の出撃拠点として、文字通り核戦争の火付け役を担わされていたのです。**

日本国民の核戦争反対の世論を恐れたアメリカ政府首脳

日本を拠点にして核兵器を使ううえで、アメリカ政府には気がかりな点がありました。それは、世界で唯一の被爆国である日本国民の、きびしい怒りと抗議にさらされるのではないかという懸念です。

この問題は軍首脳もまじえたアメリカ政府の一連のトップレベルの会議でくりかえし議論されました。たとえば、台湾海峡紛争中の一九五八年九月二日の会議では、ダレス国務長官が、

「もしアメリカが沖合諸島〔金門島、馬祖島など〕の防衛のために核兵器の使用を開始したら、日本政府は日本からの米軍の撤退を要求せざるをえないほど追いつめられるだろうし、最低限、恐らく台湾海峡での作戦のために日本の基地からどんな種類のアメリカの支援も――兵站活動を含め――やめるよう要求するだろう」

と不安をのべています。

ダレスは、駐日マッカーサー大使からの報告を、この発言のよりどころとしてあげました。その原文は、二日前の八月三〇日、東京のアメリカ大使館から発信された、マッカーサー大使の国務長官あての報告電報です。それは、

「米軍が核兵器を使用したら、日本政府は大衆と国会の双方の意向におされて、日本からの米軍撤退を要求したり、最小限、台湾海峡作戦のための兵站補給を含む在日米軍基地の使用の全面中止を求めてくるかもしれない」

と予測していました。[*28]

一方、バーク海軍作戦部長は、

「日本で核兵器を使うことに反対しているのは、共産主義者の扇動によるものだ」

とのべました。彼は、中国が金門島などへの攻撃に固執するなら、

「核兵器でやるだけだ」

「それができないならアメリカはここ一〇年のうちに全世界を失ってしまうだろう」

と敵意を燃やしたのです。

またトワイニング統合参謀本部議長は、もし朝鮮戦争のさいに核兵器を使っていたなら、「敵に打撃を与えるのに数カ月かかったものを、二～三日でやり終えることができたはずだ」と、核兵器の「有利さ」を強調しました。結局、ダレス国務長官は、

「軍事情勢が必要としているときに、アメリカが核兵器使用にひるむなら、全防衛態勢の再検討が必要となる」

と強調して、必要に応じ核兵器を使用することを確認したのでした。[*29]

「国際世論はまちがっている」

世界における軍事覇権の追求のため、核兵器使用も辞さない戦略をとるアメリカの指導者は、くりかえし政府や軍の幹部にそのことを確認させると同時に、国際世論の強い反発を招きかねない矛盾から目を離すわけにはいきませんでした。

核兵器使用による「利益」（メリット）と、その行為が生み出さざるをえない「不利益」（デメ

リット）をどう秤（はかり）にかけるか、そしてどうすれば「不利益」を最小にできるか苦心していたわけです。それはもちろん核兵器の先制使用戦略をどうにかして実行可能なものにするためにでした。

核兵器の先制使用戦略のためには、アメリカと軍事同盟を結んでいる同盟国に、アメリカの核兵器を持ち込んで、核戦争基地をおき、核部隊を駐留させておくことが必要です。

二回目の台湾海峡紛争から約一年後の一九五九年七月二日、国家安全保障政策の検討会議に出席したアイゼンハワー大統領は、核兵器の先制使用戦略にとって、同盟国への核兵器配備がいかに決定的重要性を持つかを次のように強調しました。

「慎重さを抜きにして核兵器は使用できないが、もし相当の規模の米軍部隊がかかわるなら、部隊は核兵器を手近に持っているべきだ＊30」

この会議でも、核兵器使用に反対する国際世論について論議されました。

ハーター国務長官は、「必要不可欠な場合には核兵器を使うことに同意する」とのべると同時に、「世界の世論がどんなに核兵器の使用をひどく恐れているか」と指摘しました。それに対しアイゼンハワー大統領は、「世界の世論がまちがっている」という見方を表明したのでした。

台湾海峡紛争で、日本はアメリカの核使用戦略にとって不可欠の核戦争基地として機能しま

した。日本の核戦争基地なしに、アメリカの核先制使用戦略はありえなかったのです。

ところが、その日本の国民は、核兵器の使用に強く反対し、核持ち込みにもきびしい抗議をつづけていたのです。日本を「核戦争基地」として使えば使うほど、日本国民との軋轢は激しくなり、アメリカ自身がジレンマに追い込まれざるをえません。そこをどう突破するか、ここにアメリカの核戦略の大きな難問があることを、彼らは自覚していました。

日本など重要な同盟国で高まる、核兵器の持ち込み反対の世論への危機感のなかで、そして日本政府との日米安保条約の改定交渉を前にして、アメリカ政府は最高方針として「核兵器の所在は否定も肯定もしない」政策を採用し（一九五八年一月）、そのことでこのジレンマが緩和されることを、彼らは期待しました。このあとのべるように、日本に核兵器を持ち込む米軍の「権利」を保証させた取り決めを、秘密協定として結ぶことを選択したのも、同じ思惑からでした。

アイゼンハワー大統領が加わった右の論議は、その秘密の日米取り決め（＝「討論記録」）が日米両政府間で完全に合意（一九五九年六月一九日）されてから、約二週間後の会議でのことでした。

注

1 "HIROSHIMA'S SHADOW: WRITINGS ON THE DENIAL OF HISTORY AND THE SMITHSONIAN CONTROVERSY", edited by Kai Bird and Lawrence Lifschultz. Pamphleteer's Press. Connecticut, USA. 1998.

2 「OUR ARMY OF THE FUTURE--AS INFLUENCED BY ATOMIC WEAPONS」

3 Gregg Herken, THE WINNING WEAPON: THE ATOMIC BOMB IN THE COLD WAR 1945-1950 (Alfred A. Knopf, New York)

4 川上幸一『原子力の政治経済学』平凡社　一九七四年

5 Dingman, 1988; Hewlett & Duncan, 1990; SAC Society, 1992

6 アンドレアス・ウェンガー『危難との共存——アイゼンハワーとケネディと核兵器』米ロウマン&リットルフィールド出版社、一九九七年

7 米国防総省委託研究レポート『米戦略指揮・統制・警報態勢の展開　一九四五年~七二年』(米国防分析研究所作成、一九七二年)

8 Sherman Adams, FIRST-HAND REPORT, The Inside Story of the Eisenhower Administration. Hutchinson of London. 1961.

9 米国務省の機密の情報報告書「核兵器、核戦争への日本のかかわり」一九五七年四月二二日付

10 シャーマン・アダムズ『見たままの報告』(米ハッチンソン出版社、一九六一年)

11 米海軍省委託研究レポート『米航空母艦の戦略的役割』(米国防分析所作成、一九七五年)、デイビッド・ミラー『冷戦—軍事史』(米セント・マーティン・プレス、一九九九年)

12 アイゼンハワー大統領の諮問で作成された全世界の米軍基地問題に関する「ナッシュ報告書」一九五七年一二月

13 『航空ファン』誌九九年二月号掲載の小牧基地にかつて勤務した匿名の元米兵の詳しい地図つきの投稿手記

は、一九五三年七月の朝鮮戦争休戦をはさんだ時期、同基地に配置された米空軍第九戦闘爆撃飛行隊のF84G戦闘機用に、Mk7核爆弾が持ち込まれたと指摘している。

14　一九五六年六月一三日の「プライス勧告」（＝「米下院軍事委特別分科委員会報告」）

15　新原昭治編訳『資料・解説―米政府安保外交秘密文書』（新日本出版社、一九九〇年）二〇五ページの「ラドフォード提督のための覚書」についての記述。ロバート・S・ノリス、ウィリアム・M・アーキン、ウィリアム・バー「核兵器は父島と硫黄島にも配備されていた」（米誌『ブレティン・オブ・アトミック・サイエンティスツ』二〇〇〇年一・二月号）

16　注2に同じ。

17　ピーター・ヘイズ、リューバ・ザースキ、ウォールデン・ベロ『アメリカン・レイク―太平洋における核の危険』（オーストラリア・ペンギンブックス、一九八六年）。同解禁文書は、米ノーチラス研究所のホームページwww.nautilus.orgに掲載。

18　スティーブン・アンブローズ『アイゼンハワー――大統領』第二巻（米サイモン&シャスター社、一九八四年）

19　アイゼンハワー『アイゼンハワー回顧録』1（仲晃・佐々木謙一訳、みすず書房、一九六五年）

20　米ナショナル・セキュリティ・アーカイブ編『米核兵器の歴史――一九五五年～一九六八年』（米チャドウィック＝ヒーリー社、一九九七年）の「ガイドと検索」の年表

21　一九五八年八月一三日付、ハーター国務次官のための覚書「八月一四日の台湾海峡問題の討議」ジェラード・C・スミス国務次官発（解禁文書）

22　ランド調査覚書4900－ISA『一九五八年台湾海峡危機―公文書に見る経過』（モートン・ハルペリン執筆、ランド・コーポレーション、一九六六年）。国防総省の国際安全保障問題担当国防次官補事務所のために作成されたもの。

23 同前
24 『航空ジャーナル』誌一九八一年九月号特集『アメリカ核兵器の全貌』の「1958年夏——沖縄のMk7核爆弾」（青木日出雄）。
25 同前
26 マクジョージ・バンディ『危険と生存』（米ビンテッジ・ブックス、一九八八年）
27 同前
28 「台湾海峡危機の高まりにたいする日本国内の反応にかんする報告」（新原昭治編訳『米政府安保外交秘密文書』［新日本出版社、一九九〇年］所収）
29 『米政府外交文書集（FRUS）・一九五八年〜一九六〇年』第十九巻「中国」（米国務省編、米政府刊行所、一九九六年）
30 一九五九年七月二日のアイゼンハワー大統領らによる国家安全保障政策の軍事部分にかんする検討会議記録（解禁文書）

パート2

日米核密約とベトナム戦争での核使用計画

北ベトナムを爆撃するB52戦略爆撃機（米空軍）

藤山愛一郎
(1897-1985)

ダグラス・マッカーサー二世
(1908-1997)
(米国大使館)

一九五〇年代の日本の「核戦争基地」化は、ここまで見てきたように進められました。当時こうした全体像はもちろんよくわかっていませんでしたが、国民はわずかの情報をもとに、核持ち込み反対の世論と運動をひろげていたのです。一方、日米両政府は、五八年秋からおこなわれた旧日米安保条約の改定交渉で、日本国内への核の持ち込みについて、秘密協議をおこなっていました。

アメリカ政府と軍部は、旧安保条約下で日本政府によって黙認されてきた「艦船や航空機に積んだ核兵器の持ち込み」という慣行を、アメリカ側の「譲ることのできない既得権」として確保する方針で、交渉にのぞみます。

そして安保改定の秘密交渉では、そのことが日米両政府間で合意され、六〇年一月六日、東京で藤山外相とマッカーサー駐日米大使によって、核持ち込みの秘密協定（=核密約）である「討論記録」という極秘文書が、両者のフルネームではない、イニシャルだけのサインによって調印されました。

さらにアメリカ側は緊急時に核兵器を日本国内の基地で貯蔵する権利も求め、これが「文章

のかたちをとらないもう一つの秘密了解」となったようです。これが「第二の核密約」といわれるものです。こうしてアメリカ政府が長年望んでいたことが、二つの日米核密約によって実現したのです。

国民の核兵器反対世論が主役に

一九五〇年代の日本への核持ち込みは、核兵器問題での日米の両政府への国民的批判の高まりにより、重大な政治問題と化してゆきました。核兵器をめぐるさまざまな事件を通じ劇的にひろがった国民の反核世論は、この時期、しばしば政治状況を大きく左右する主役にまでなったのです。

一方、日本政府は、表向きは時として世論に従うフリもしながら、現実にはアメリカの核戦略への協力を進めていく。この基本的な行動パターンは、その後の自民党政権も踏襲しましたが、これによって日本政府はジレンマを極限まで深めていくことになるのです。

では当時、日米安保条約の改定交渉の背景にあった一九五〇年代の日本国民の反核世論とは、一体どのようなものだったのでしょうか。

核兵器問題をめぐる世論が大きく高まった一つの背景は、広島、長崎へのアメリカの原爆投下をめぐるいっさいの情報の交流や発信を禁止したアメリカ占領軍の不法な措置が、一九五二年の対日平和条約の発効による占領終結で中止されたことでした。大多数の国民はこのとき初めて、新聞や雑誌、書籍などによって、広島と長崎における原爆投下の惨害をつぶさに知る機会を得たのです。

さらに決定的な影響を与えたのが、一九五四年三月、太平洋ビキニ環礁でおこなわれたアメリカの水爆実験で、マグロ漁船の第五福竜丸が被曝した事件でした。「死の灰」を浴びた乗組員二三名が「急性放射能症」と診断されて入院し、半年後には無線長の久保山愛吉さんが亡くなりました。第五福竜丸が捕ってきたマグロからは強い放射能が検出されるなど、魚市場の魚介類にまで深刻な放射能被害が及びました。その結果、核兵器の恐ろしさと、それをめぐる不安、そして憤りがかつてなくひろがったのです。

そのなかで、一九五四年から五五年夏にかけて三二〇〇万人もの原水爆禁止署名が集められ、この反核エネルギーの盛り上がりは五五年八月の広島での第一回原水爆禁止世界大会につながっていきました。それは、今日まで続く日本国民の大きな原水爆禁止運動を生み出し、反核世論の形成に大きな役割をはたしてきています。

一方、**アメリカの解禁秘密文書によると、一九五四年から五六年にかけて、アメリカ政府は**

日本への核兵器常時貯蔵の実現を執拗に追求していました。五四年五月、国防総省は国務省に対し、核物質つき完成核兵器を日本に配備するのに必要な外交措置をとってくれるよう要請したのです。

しかし、アメリカの海外基地への核兵器常時配備という方針を日本に適用するには、あまりにも重大な政治的障害が日本国内に生まれていました。それはすでにのべたように、原水爆禁止を求める世論の急速な高まりです。国務省は五四年六月の国防総省宛て返書で、日本における「政治的障害」により、日本に「核コンポーネント（核物質など核兵器の中核的構成部分）」を配備することは適切ではなく、したがって「非核コンポーネント」（核兵器の中核的部分を除くその他の構成部分）だけを配備するようにしてほしいと求めました。

翌五五年一月、国防総省は国務省に対し、「アメリカが基地権を持ついかなる国」においても、「核兵器の貯蔵と使用の権利」の確保が基本方針である以上、日本でも完成核兵器の常時配備をすみやかに実施したいと再度伝えました。そこで国務省は、東京のアリソン駐日米大使に見解をたずねます。このときアリソンは、「険悪」な日本の政治状況が、前年以上に「もっと好ましくない状態になっている」と返答しています。

米核戦略への露骨な協力をめざした保守政治

国民的な核兵器反対の世論の高まりは、アメリカの核戦略およびこれに協力してきた日本政府と、正面からするどく衝突します。政府は可能なかぎりアメリカの核兵器関連の要求に協力する方向で、事態の突破をはかろうとくりかえし試みました。しかし、それはかえって国民の政府批判に拍車をかけるだけでした。

たとえば、岡崎勝男外相は、ビキニ水爆実験で第五福竜丸が被曝したあとでさえ、

「われわれは米国に対し原爆実験を中止するよう要求するつもりはない。それはわれわれが、この実験が米国のみならず、われわれもその一員である自由諸国の安全保障にとり必要なことを知っているからである。こうした立場からわれわれは、この実験の成功を確保するため他の自由諸国と協力するであろう」

と公言しました（五四年四月九日、東京・日米協会で。「朝日新聞」同年四月一〇日付）。

核持ち込み問題でも、すでに触れた通り鳩山一郎首相は、首相官邸における外国人記者団との会見で「日本に原爆を貯蔵してほしいという要求があれば認めるか」と問われて、「力によ

る平和を正当として是認するなら認めなければならないだろう」とのべ、公然と容認する姿勢を明らかにしました（五五年三月一四日）。

このどちらの発言も、多くの国民からきわめて厳しい抗議を浴びました。その結果、核実験問題では、このあと政府は若干の方針修正を余儀なくされます。一方、核持ち込み問題では釈明をくりかえしながらも、鳩山発言から半年も経たない五五年八月、米陸軍の地対地ミサイル「オネスト・ジョン」を埼玉県にあった朝霞基地に持ち込ませました。

核弾頭搭載可能な地対地ロケット弾「オネスト・ジョン」（米陸軍）

その持ち込みにあたってアメリカ大使館は、このミサイルは核弾頭抜きだと発表しましたが、鳩山内閣は「自衛の見地からどうしても必要なものなら（核弾頭も）許可したい」と公言し、国民からふたたび強い抗議の声が高まりました。

当時の「核〔持ち込み〕反対の憤りは、鳩山内閣の予測を大きく越えた」もので、アメリカ政府は核弾頭（持ち込み）の圧力をこれ以上続けることはできなかったと、駐日米大使顧問の経歴をもつマーティン・ワインスタイン氏は書いています[*1]（持ち込まれた「オネスト・ジョン」とともに、核弾頭も配備されたとの元米軍関係者の目撃証言もあります）。

一九五五年以降ひらかれてきた原水爆禁止世界大会では、核兵器廃絶の実現と被爆者救援の課題とあわせて、日本への核兵器の持ち込み反対がつねに焦点となっていました。第一回大会宣言は、

「原子ロケット砲の持込み、原子兵器の貯蔵、基地拡張がすべて原子戦争準備に関連しております」

「その故に基地反対の闘争は、原水爆禁止の運動と共に、相たずさえてたたかわなければなりません」

と訴えました。

その後の大会も、毎年一貫して核持ち込みに強い批判を加え、世論をひろげました。一方、全面占領下にあった沖縄の立法院（現在の県議会に相当）が、五七年八月、全会一致で「核兵器基地の建設中止要請決議」を採択し、「核兵器基地の建設は絶対に容認しがたい」と宣言して、アメリカ政府を驚愕させました。

ジレンマを意識しはじめた日本政府の対応策

こうした核持ち込み問題をめぐる状況のなかで、政府はこの圧倒的な世論の反対に公然と逆らえば、政権の基盤さえ揺らぎかねない危機的な状況になるという事実を認識させられていきます。しかし、対米従属の安保体制を堅持する自民党路線を維持するかぎり、アメリカの核戦略に非協力的な態度をとることもできません。国民世論が反核の方向で強まれば強まるほど、政府のジレンマは拡大していきました。

岸信介(のぶすけ)内閣が発足した直後の一九五七年春、日本国内での世論調査を含む綿密な調査研究をもとにアメリカ国務省が作成した内部報告書「核兵器、核戦争への日本のかかわり」(五七年四月二二日付)は、日本のこのような状況を次のように分析しています。

「原爆投下の惨事という特異な経験をしたので、日本には、近代戦の恐怖を世界に直言する崇高な任務があると、多くの人びとが考えている。(略)〔国論は〕日本が外国の核戦争基地や核兵器貯蔵施設になることを、はげしく拒んでいる」

「核兵器問題についてのこうした見方は、どの政党、どの社会グループ、どの知識水準にも共通したもので、日本においては最も強烈な政治的説得力を秘めた見方として、一目おいて扱われている」

「核兵器とかかわることにいっさい反対する日本の大衆の根強い態度のために、日米安保条約の有効性には制約がつきまとっている」

「一連のできごとは、日本の大衆世論が、核兵器についての日本の国家政策を形成するうえでの支配的要素であることを、明確に示している。岸政権は全体として、この問題全体に関し、日本の大衆世論の指導者であるよりはその追随者だといった方が、正確な特徴づけといえよう」

同報告書は、日本国民の核戦争基地の設置反対の世論に対し、歴代保守政権が「その意向にそうと何度ものべて〔国民を〕安心させてきた」と指摘する一方、日本政府自身が「〔そのような〕国民感情が一致した方向をめざす強烈なものであることに不安を感じてきた」とコメントすることも忘れませんでした。[*2]

岸内閣が、日本への核兵器持ち込みについて、安保条約改定にあたり事前協議制の導入をアメリカ側に申し入れた最大の動機が、このような核問題のジレンマからの脱出にあったことはいうまでもありません。岸首相自身がこのことを強く意識し、旧安保条約の改定交渉を始める前年の日米首脳会談（五七年六月）で、アイゼンハワー大統領とダレス国務長官に自ら提起したのです。

完全にでっちあげの「重光・アリソン合意」

強力な反核世論によって追いつめられたジレンマからの脱出を模索したのは、岸内閣が初めてではありませんでした。

一九五五年の核持ち込み容認発言で国民の憤激を引き起こした鳩山内閣は、そのすぐあと、存在してもいない駐日米大使との「合意」をでっち上げました。重光葵（まもる）外相が、アリソン駐日大使との会談（同年五月三一日）で核持ち込み問題について「合意」ができたと国会答弁し、「現在、在日米軍には原爆はない、将来も米国は日本の承諾がなければ日本に原爆を持ち込まないと米側が約束してくれた」と報告したのです（同年六月二七日・衆院内閣委）。しかし、この「重光・アリソン合意」は、日本政府によるまったくの作り話だったことが、やがて露見したのです。

重光葵（1887-1957）

ジョン・アリソン（1905-1978）（米国大使館）

一連のアメリカ政府解禁秘密文書が、その経過や、この問題でのアメリカ政府の対日抗議とその結末について、詳細に記録しています。アリソン大使は「重光・アリソン合意」の国会答弁について、秘密裏に鳩山内閣に抗議のメッセージを送り、そんな約束をした覚えはないとねじこみました。[*3]

一九五五年七月二日に重光外相に口頭で伝えられたメッセージで、アリソン大使は、

「アメリカ合衆国は、日米間の安全保障上の諸取り決めが核兵器の日本持ち込みを禁止しているとは解釈していないことを通告せざるをえない」

とのべ、

「両国政府の利益にとっても、また自由世界の全般的態勢にとっての重大事としても、現在の取り決めに規定されているような柔軟性の維持が最も望ましいというのが当方の信ずるところであります」

と強調しました。[*4]

一方、アリソン大使から抗議された重光外相は、同年七月一三日の返事の書簡で、「国会の議論は、米政府になんらか特定の態度をとるよう義務づけるものではない」と保証しました。[*5]

要するに、日本国内の議論の必要で虚構をのべているだけであり、日本におけるアメリカの核

兵器の行動の「自由」を妨げることは意図していない、というものです。

国務省の報告書は、アリソン大使の抗議と重光外相の返事のあとも、日本政府が公式に「重光・アリソン合意」発言を取り消そうとせず、さらに政権が変わって岸内閣になってからさえ、岸首相が国会答弁で「合意」が存在するかのようにのべたと驚きを込めて書いています。政府は、勝手にでっち上げたウソの「合意」を、国民に対しては本物だと言い張り続けたのです。

これに比べると、一九六〇年の安保条約改定で導入された「事前協議制」は、合意そのものは日米の政府間で明確におこなわれたもので、「重光・アリソン合意」のような日本政府の一人芝居ではありませんでした。しかしその実効性はと言えば、「重光・アリソン合意」とほぼ同じく、ほとんど無意味なものだったとしか言いようがなかったのです。

核密約を記した「討論記録」（図版）という名の極秘文書

一九六〇年一月一九日、日米安保条約が改定され、ワシントンで岸首相とハーター国務長官が調印をしました。同時に、両者の間で交わされた交換公文によって、新たに日米間に事前協議制度がつくられたとされました。その具体的内容は次の通りです。

岸信介（1896-1987）
（日本国政府）

クリスチャン・ハーター
（1895-1966）
（米国務省）

「米軍の日本への配置における重要な変更、軍隊装備における重要な変更、日本国内からおこなわれる米軍の戦闘作戦行動のための基地使用については、日米両政府間の事前協議の主題とする」

しかし、この事前協議制度のウラ側で、アメリカに有利な重大な密約が結ばれていました。それは核兵器を積んだ米軍艦船の日本寄港や領海通過、同じく米軍機の一時的な着陸・駐留（トランジット）などは、米軍は日本政府との事前協議なしにおこなえるというものです。事前協議制度を骨抜きにして、米軍による核持ち込みをそれまでと変わらず認めるためのこの密約が、いわゆる「日米核密約」です。

事前協議制度に関して、政府は核持ち込みも対象にすると国民向けに発表していました。しかしその裏でこの密約を結び、米軍のどの行動は事前協議の対象とし、どれは対象にしないかを、両政府間であらかじめこまかく決めていたのです。

核密約は、ワシントンでの新安保条約の調印より約二週間前の六〇年一月六日、東京で藤山愛一郎外相とマッカーサー駐日米大使が秘かに署名をして結ばれました。核密約の正文は、英文のものしかつくられず、署名もフルネームではなく、イニシャルだけを署名する非公式なものでした。

この核密約文書は、六〇年一月一九日に岸・ハーター間で署名し公表することになっていた事前協議制度についての「交換公文」（「条約第六条の実施に関する岸・ハーター交換公文」）に関する、日米両政府間の具体的な了解事項を記しています。その具体的な取り決めを了解したうえで「交換公文」がつくられたと、密約の書き出しの部分に明記されているのです。

この密約は、「討論記録」（レコード・オブ・ディスカッション）という名称の文書に記されています。文書の全文は次の通りです。

「相互協力及び安全保障条約『討論記録』

1、条約第六条の実施に関する交換公文案に言及された、その実効的内容は、次の通りである。

『合衆国軍隊の日本国への配置における重要な変更、同軍隊の装備における重要な変更並びに日本国からおこなわれる戦闘作戦行動（前記の条約第五条の規定に基づいておこなわれの事前の協議の主題とする。』

るものを除く。）のための基地としての日本国内の施設及び区域の使用は、日本国政府と

2、同交換公文は、以下の諸点を考慮に入れ、かつ了解して作成された。

A　「装備における重要な変更」は、核兵器及び中・長距離ミサイルの日本への持ち込み（イントロダクション）並びにそれらの兵器のための基地の建設を意味するものと解釈されるが、例えば、核物質部分をつけていない短距離ミサイルを含む非核兵器（ノン・ニュクリア・ウェポンズ）の持ち込みは、それに当たらない。

B　「条約第五条の規定に基づいておこなわれるものを除く戦闘作戦行動」は、日本国以外の地域にたいして日本国から起こされる戦闘作戦行動を意味するものと解される。

C　「事前協議」は、合衆国軍隊とその装備の日本への配置、合衆国軍用機の飛来（エントリー）、合衆国艦船の日本領海や港湾への立ち入り（エントリー）に関する現行の手続きに影響を与えるものとは解されない。合衆国軍隊の日本への配置における重要な変更の場合を除く。

D　交換公文のいかなる内容も、合衆国軍隊の部隊とその装備の日本からの移動（トランスファー）に関し、「事前協議」を必要とするとは解釈されない。」

核持ち込みのフリーパスを保証

この「討論記録」の「1」は、公表される「岸・ハーター交換公文」の本体部分を紹介したもので、実際にこの通りの内容で結ばれました。
「2」では、その一行目にあるように、以下のA項からD項までにのべられていることを「考慮」し「了解」しあって、岸・ハーター交換公文がつくられたことを、明らかにしています。つまり、何を考慮し、了解したうえで交換公文が結ばれることになったかを具体的に示しているのです。これらの内容こそ、密約の中核部分にほかなりません。

ここで事前協議の対象にされる核持ち込みとは、「核兵器及び中・長距離ミサイルの日本への持ち込み（イントロダクション）並びにそれらの兵器のための基地の建設」だけ（2A項）です。それ以外の、核兵器を積んだ艦船や軍用機の立ち寄り（寄港、離着陸など）は、事前協議の対象にならないと認めているのです（2C項）。

この「イントロダクション」（導入、移入）とは、固定的・本格的な配備のことで、貯蔵などによる長期の配置状態をさすアメリカ政府の特有の専門用語です。ここからは、艦船と航空機

に積まれた核兵器の持ち込みはあらかじめ排除されています。

艦船と航空機に積まれた核兵器の持ち込みは、「エントリー」(飛来、立ち入り)と表現されていますが、アメリカ政府の特有の専門用語では、核兵器を積んだ艦船や軍用機が一時的に外国に寄港したり離発着することを、「トランジット」(通過)と呼んでいます。**だから、この核密約は日本への核兵器の「トランジット」の自由を保証しているわけです。要するに、艦船や航空機に積んだ核兵器の日本持ち込みを、事前協議の対象からあらかじめ除外したのです。つまりその点については、「これまで通り自由ですよ」ということです。**

実際、その三年後にホワイトハウスで日本への核持ち込み問題をめぐり、ケネディ大統領のもとで政府首脳協議がおこなわれたとき、**グリフィン海軍作戦部長代理**(艦隊行動担当)**は、「一九五〇年代の早い時期から核兵器は通常、日本の港湾に寄港している空母の艦上に積載されてきました」**

とのべるとともに、事前協議制度ができてから以後も、核兵器を積んだ艦船は以前と変わりなく日本に寄港しているとの趣旨の発言をしています(一九六三年三月二六日の日本への核積載艦船の立ち寄り問題に関する会議記録[*6])。

一九五〇年代以来、日本本土各地の米空軍基地を中心に持ち込まれ、貯蔵されてきた核物質だけを抜いた核兵器(「ノン・ニュクリア・ウェポンズ」)も、事前協議の対象となる核持ち込みには当たらないと明記されました。

いずれにしても艦船と航空機に積まれて核兵器が入ってくる場合は、フリーパスを保証するというきわめて重大な内容が、ここで合意されています。まさに対等な日米新時代の象徴として、鳴り物入りで新設された事前協議制度を根底から台無しにする秘密協定が交わされていたのです。

第二の核密約とは

一方、アメリカ政府の解禁秘密文書から、日米両国間には、有事における日本への核兵器の本格配備（イントロダクション）に関するもう一つの秘密取り決めが存在することもわかりました。それは、「核兵器に関する文書の形をとらないもう一つの秘密了解」として、アメリカ政府部内の秘密文書に書かれていたのです。

その秘密文書は「日本と琉球諸島における合衆国の基地権の比較」といい、一九六六年に国務省と国防総省安全保障担当が、アメリカから日本への沖縄の施政権返還に備えて共同作成したものです。

そのなかに、安保改定で新しく設けた事前協議制度に関する解説が載っており、核密約を記した「討論記録」の引用とともに、次のような記述が見られます。

「〔事前協議の取り決めは〕**公表された一つの交換公文と、秘密の討論記録と、核兵器に関する文書の形をとらないもう一つの秘密了解からなっている**」*7

つまり、「討論記録」に記された核密約とは別に、第二の核密約が文書化はされていないが、秘密了解として口頭で交わされていたことがわかるのです。

そして、その第二の核密約が有事における日本への核兵器の本格配備に関するものであることは、別のアメリカ政府解禁秘密文書から浮かび上がってきました。それは一九六六年二月二四日付けのラスク国務長官からライシャワー駐日米大使あての極秘電報です。そのなかに二カ所、右の秘密了解の存在を示す記述があるのです。

まず一つは、「一九六〇年の安全保障条約にもとづいた核兵器持ち込み（イントロダクション）に関するアメリカとの秘密取り決め」という一節です。ここで「秘密取り決め」は英語で「アレンジメンツ」（arrangements）と複数形になっています。

もう一つは、「日本政府はまた、秘密の一九六〇年合意が、日本への核兵器持ち込み（イントロダクション）について、日本政府の同意を求めるアメリカの権利を認めていることを、想起すべきである」というところです。

どちらも「日本への核兵器持ち込み」は英語で、「イントロダクション」（introduction）という言葉を用いています。「イントロダクション」とは前述したように、固定的な配備のことで、貯蔵などによる長期の配置状態をさすアメリカ政府の特有の概念です。**まさしく有事における日本への核兵器の本格配備を意味しており、アメリカ政府は日本政府に対し、その同意を求める権利を持っているというわけです。**

こうして、文書化された「日米核密約」と、文書化されなかった「第二の核密約」という二本立ての核密約が、日本へのアメリカの核持ち込みを保証しています。これらの密約を土台にして、現在の核持ち込み体制ができているのです。

それにしても、こうした核密約は何を目的とするものなのでしょうか。

それは、一九五〇年代はじめ以来、旧安保条約のもとで野放しにされてきた米軍の核持ち込みの「特権」を守ることによって、日本を米軍の核戦争基地として維持するためのものなのです。

そのため日本政府は、反核世論に押されて事前協議制度をつくることを余儀なくされましたが、実際には密約でそれを骨抜きにしたのです。

日本に核兵器が持ち込まれるということは、唯一の被爆国である日本が、アメリカの核使用計画と一体化し、その出撃基地になることを意味します。二度と広島、長崎の悲劇をくりかえしてはならないと強く訴えてきた被爆国の国民の総意を、これほど真正面から踏みにじる行為はないでしょう。

今後は「核持ち込みは絶対にない」と宣伝した政府

一九六〇年の新安保条約の調印後、岸内閣は核持ち込み問題に焦点を当てながら、事前協議制度の導入によって日本の自主性が回復され、もはや日本国内への核持ち込みは考えられなくなったと、国民に向かって高らかに宣言しました。しかし、アメリカ政府が公開した解禁秘密文書の分析により、それが完全に国民をあざむくウソであったことが、はっきりと裏づけられ、虚構で組み立てられた自民党政府の対米従属外交の正体が、白日のもとにさらされることになりました。

もっとも岸首相自身でさえ、アメリカ政府との安保改定交渉で事前協議制度の導入に成功したあとも、それが旧安保当時からの政府のジレンマの解消には、つながらない可能性があることを自覚していたようです。

新安保条約の調印前から、国民世論はもちろん、自民党内の反主流派も、事前協議制度の実態に疑惑の眼を向けていました。一九五九年六月には、条約本体や密約など、新安保条約に関連する取り決めの条文が、両国間で最終的に固まっていました。しかし、日本側の事情により調印が半年延ばされたあいだに、岸首相はアメリカ政府に対し、事前協議問題で「色をつけてもらいたい」と申し入れていたのです。

当時の日米交渉に関する一連のアメリカ政府解禁秘密文書（主として駐日米大使館と国務省のあいだの電報のやりとり）によると、それは、実質合意ずみの条約本文や交換公文や密約のテキストの修正要求ではありませんでした。事前協議問題で国民の疑念を晴らすために、条約調印時の両首脳の発言に工夫が加えられないかというものです。

アメリカ政府はこの要請を苦り切った気持ちで受けました。しかし、マッカーサー大使が、もし日本側のこの要請を退けたら、岸内閣が国内的にきわめて苦しい局面にぶつかることになると本国政府に進言したため、最終的には、六〇年一月一九日の新安保条約調印のさいの両首脳の共同コミュニケの文言に、その意向を反映させることになったのです。

「大統領は、総理大臣に対し、同条約の下（もと）における事前協議にかかる事項については、米国政府は日本国政府の意思に反して行動する意図のないことを保証した」

という日米共同コミュニケの一節は、こうして挿入されました。

しかし、この文言には、実質的な中身がありません。「日本国政府の」どのような「意思」

に反しないということかについても、まったくのべられていないのです。日本政府の意思がコロコロとかわることを当てにした表現ともとれます。

では、この表現を受け入れたアメリカ政府は、共同コミュニケをどう位置づけたのでしょうか。

共同コミュニケの右の部分の文言がほぼ決着した時点で、ディロン国務次官が東京の大使館あてに送った電報（一五一〇号。五九年一二月二二日発）は、二つのことを指摘しています。一つは、この文言で「条約取り決めの特定の条項に触れない」ことがとくに重要だったということです。具体的ではない文言であることをアメリカ側は歓迎したのです。

もう一つは、結局は「コミュニケよりも、合意文書〔複数〕の方が、正式に調印された政府協定〔複数〕として重きをなすだろう」と強調しています。より重きをなす「合意文書」とは、事前協議にかんする秘密協定（「討論記録」）を含む一連の新安保条約関連の取り決めをさしています。

このように岸内閣は、核持ち込み反対の国民世論に従ったふりをしながら、アメリカ政府と核密約を結び、アメリカの艦船や航空機による核持ち込み継続の「権利」を保証する「義務」を負わされました。改定安保条約は、こうして核持ち込みに関する米軍の大幅な「自由」を保証することで、旧安保条約の本質的部分をほとんどすべてそのまま引き継いだのでした。

「核密約」のもとでの、一九六〇年代以降の持ち込み

一九六〇年代以降、アメリカはソ連との核軍拡競争を進めつつ、核独占体制の保持などをめざして米ソ間の「軍備管理」にも手をつけます。その一方、「戦域核戦争」態勢を本格的に強化しはじめました。

それは、ソ連だけを核戦争の相手とみず、中国や「第三世界」の国をも核兵器を使う対象にするというものでした。この「戦域核戦争」という想定にそって、アメリカの戦術核兵器の海外配備が展開していきます。日本は、その構想にそって、戦術核兵器の配備を主とした核戦争基地として機能するようになるのです。

六〇年代から七〇年代にかけてのアジアでのアメリカの核戦力態勢の狙いについて、「戦域核オプション」に焦点を当てた七一年時点の国務省文書は、「アジアにおける戦術核の選択肢（オプション）に関係した中心的な問題点」が何かを解明し、アメリカの「戦域核戦力の目的」として次の四点をあげました。

⑴　中国による核攻撃の抑止
⑵　中国の核攻撃に対する報復
⑶　同盟国や米軍に対する共産側の通常攻撃の抑止
⑷　共産側の通常攻撃の打破[*8]

これらの「目的」は、ソ連だけを核攻撃の対象とせず、中国やベトナムなどアジアの国に対しても、必要なら核兵器を使用する戦略の採用を意味します。戦域核戦力の目的として、「通常攻撃の抑止」とか「通常攻撃の打破」などの名目のもとに、通常戦力の相手への先制核攻撃が意図されていたのです。

ベトナム戦争での核使用計画

一九六〇年代、七〇年代において、通常戦力で戦う相手国への先制核攻撃が計画された例がベトナム戦争でした。ベトナム戦争でアメリカは、戦局が危機的状況に陥るたびに、核兵器の使用をくわだてたのです。

ベトナム戦争が本格化した一九六〇年代、アメリカの軍事戦略は台湾海峡紛争当時と異なって、どのような事態にも核兵器で対応するというやり方はやめていました。その時々の具体的状況に合わせて、より柔軟に核兵器も通常兵器も使いこなすというのが、新しい基本戦略となっていたのです。

同時に、中国とソ連の対立を積極的に活用し、大国ソ連以外の特定の相手国を個別に攻撃するという各個撃破戦術をも採用していました。この変化した戦略のもとで、核兵器使用の選択肢がその時々で必要に応じて検討されたのです。そうしたなか、ベトナムとその周辺に出動した米軍は、核攻撃の指示に緊急に応えられるよう、つねに核を使用する準備態勢をとっていました。

アメリカの侵略戦争は、ベトナム人民の「抗米救国の闘争」を生み出すとともに、世界の世論の多くを敵に回しました。もともとアメリカのベトナム侵略は、第二次世界大戦後、ベトナムに植民地支配を復活させる目的で、ベトナムの解放勢力に対し開始されたフランスの植民地主義戦争を、軍事的に支援することから始まったのです。それは、国連憲章の主権擁護・内政不干渉を原則とする国際秩序のもとで、国際世論のきびしい批判を浴びることになりました。これらの情勢の特徴とベトナム侵略反対の国際世論は、アメリカの行動に大きな制約を加えたのです。

アメリカのベトナムに対する最初の核兵器使用計画は、一九五四年春、ベトナム北部の要衝ディエンビエンフーが、解放勢力のベトミン軍に包囲されて、フランス軍が窮地に陥ったさい、フランス軍を救出する目的で立案されたものです。

暗号名で「バルチャー（禿鷲）作戦」と呼ばれたこのアメリカのディエンビエンフー軍事支援計画は、ベトミン軍に対する米空母艦載機による爆撃を予定していました。その中心に、Mk7戦術核爆弾の使用計画があったのです。すでに二隻の米空母が、ディエンビエンフーを攻撃可能圏内にもつトンキン湾上に配備されていました。

核爆撃をおこなった場合に、アメリカへの国際的非難がひろがることを恐れて、ラドフォード米統合参謀本部議長は、核爆撃に飛び立つ米艦載機の国籍標識を消し、「誰がどこから来て爆撃したかわからないようにしたらいい」とまで、提案していました。[*9]

このようにアメリカはベトナム侵略戦争の早い時期から、国際世論の反応を強く気にしながら核兵器使用計画の具体化を策していたのです。

ケサンの攻防戦で核兵器の使用寸前までいったアメリカ

ベトナムでの核兵器使用の計画は、一九六七年末から六八年はじめにかけて、一つの頂点に達しました。それは米軍部隊が南ベトナム北部の非軍事境界線に近いケサン陣地で、ベトナム解放勢力による包囲を受けて、深刻な危機に陥ったためでした。

アメリカ政府部内に、一九五四年のディエンビエンフー陥落の二の舞かという観測がひろがりました。南ベトナム全土での解放勢力のいっせい攻撃（テト攻勢）とも重なって、アメリカ政府首脳はパニックに近い絶望感に襲われました。このとき南ベトナム駐留の米軍総司令官ウェストモーランド将軍に対し、戦術核兵器使用の必要はないのかと、ジョンソン大統領が問い合わせたのでした。

当時、ジョンソン大統領は、ケサンで「次第に軍事的敗退の可能性があることに心を奪われていた」という状態にありました。[*10] ジョンソンは、一九六八年二月二日午後八時過ぎ（アメリカ東海岸時間）、ホイーラー統合参謀本部議長を通じて、サイゴンのウェストモーランド総司令官に電報を送らせ、

「状況はもっと深刻なものになりかねない」

との懸念を伝え、

「〔ベトナム解放軍との戦力の差〕を埋め合わせるため戦術核兵器を使うという決定――そう強いられることを欲しない決定――に直面させられるのではないか」

との問い合わせをさせて、意見を求めたのです。[*11]

ケサン攻防戦での核兵器使用の発案は、その多くが現地軍司令官のウェストモーランドによるものとして描かれることが多いが、必ずしもそうばかりではないようです。ウェストモーランドは九時間足らずのうちに、急いで返信電報を書き送りました。この中で、

「戦術核兵器の使用は、現在の状況のもとでは必要ではない」

とのべるとともに、状況が劇的に変化したら、

「戦術核兵器か毒ガスが、使用の対象となる実際的な候補だろうと思い浮かべている」

と記しました。[*12]

このときウェストモーランドは、戦況を突破できるとの自信を深めていたようです。一方、彼の楽観論とは対照的に、ジョンソン大統領らワシントンの政府首脳の方が深い危機意識にとらわれていました。あとになって、ウェストモーランドはワシントンとの〝温度差〟に気づいたといいます。

そのうちにアメリカ内外で、米軍がケサン陣地攻防戦の危機にさいし、核兵器を使おうとしているとの非難が、猛然とわき起こりました。イギリスのウィルソン首相は六八年二月一一日の米CBSテレビで、アメリカがベトナムで戦術核兵器を使うのは「まったくの愚行」であり、「世界にとって非常に重大なリスクをエスカレートさせることになる」ときびしく批判しました（「ニューヨーク・タイムズ」一九六八年二月一二日付け）。こうしてジョンソン大統領がイニシアチブをとろうとした核使用の検討の芽は、摘み取られたのでした。

ベトナム戦争後、ウェストモーランドは、ケサンにおける核兵器の使用が未遂に終わったことに遺憾の意を表明し、次のようにのべました。その背景には、ジョンソン大統領から使用のシグナルを送られたことにただちにゴー・サインを送れなかった自分自身への「自責の念」も含まれていたのかもしれません。

左からジョンソン大統領とウェストモーランド陸軍将軍（米連邦政府）

「ケサンでは、もう一つの可能性――すなわち、戦術核兵器の使用があった」

「もしワシントン当局がハノイに『メッセージを送る』ことを意図しているのなら、たしかに小型の戦術核兵器はハノイになにごとかを伝える一つの方法となるだろう。

それはちょうど、二個の原爆が第二次大戦中、日本の当局者にとって納得のいく合図となり、また、朝鮮戦争中に原爆のおどしが北朝鮮に有意義な交渉を受け入れさせるよう導いたのと、同じである。ベトナムで数個の小型戦術核兵器を使うことが——もしくは使うというおどしをかけることでさえ——、戦争をすみやかに終わらせるということは、ありうることだ」

「私としては、当時も、そしていまはもっと強く、この選択を考慮に入れそこなったのが失敗であったと感じている」[*13]

ニクソン政権の秘密核作戦計画

その後、ニクソン政権に代わった一九六九年一月、内外のベトナム反戦の世論はさらに高まりを見せ、アメリカ政府部内での核兵器使用の検討は、さらに極秘のうちにおこなわれていきます。そして同年七月、キッシンジャー・国家安全保障担当大統領補佐官と軍事問題担当ヘイグ補佐官の指示にもとづき、「ダックフック」という暗号名をつけたベトナム秘密作戦計画が、米海軍作戦部長によって作成されました。この機密作業は、レアード国防長官にさえ秘密にされたといいます。

この作戦は、

「ハノイ、ハイフォンその他北ベトナムの重要地域に大規模な爆撃を加え、堤防を爆撃し、北ベトナムへの地上からの侵攻をおこない、おそらくは核兵器を使ってホーチミン・ルート沿いの南北の主要幹線を破壊し、北ベトナムと中国とのあいだの鉄道も爆撃する」

というもので、さらに別の秘密研究も進められたが、それは中ソからの物資補給の主要経路である鉄道路線に対する戦術核攻撃に関するものでした。北ベトナムの二九にのぼる主要攻撃目標を、四日間に及ぶ空からの連続攻撃によって破壊するが、もし必要ならハノイが降伏するまでさらに計画は更新されることになっていました。[*14]

この「ダックフック」作戦の三年後、ニクソン大統領が核兵器の使用を考えたことが、二〇〇二年はじめにアメリカの国立公文書館が公表した同大統領の録音テープから明らかになりました。

それによると、一九七二年四月二五日、ホワイトハウス内で大統領がキッシンジャー補佐官に、「核兵器を使いたいんだが」と切り出すと、キッシンジャーは「それはちょっと行き過ぎだと思います」と答えました。ニクソンは「君には物事を大きく考えてほしい」、核兵器の使用で多くの一般民衆が殺されても「私は気にしない」とのべました。さらに、同年五月にも、ニクソンは再びキッシンジャーに核兵器使用問題を話しかけて、「君は民間人のことをえらく心配しているが、私は気にしない。問題ない」と強調したのでした（「しんぶん赤旗」二〇〇二年三月二日付）。

ベトナム戦争中のアメリカの最高指導者の、核使用問題に関する赤裸々な考えの一端を物語る録音テープです。

日本の米軍基地での核使用計画

ベトナム戦争で日本の米軍基地は核攻撃準備に深くかかわりました。なかでも米軍が沖縄に持ち込んだ核兵器の種類の多さは、世界でもトップでした。

およそ二〇年前、アメリカ政府解禁秘密文書の収集・分析・閲覧サービスをおこなってきたワシントンの「ナショナル・セキュリティ・アーカイブ」（民間の非営利組織）が、いったいアメリカは世界のどこに、どんな種類の核兵器を持ち込んできたかを記したアメリカ政府解禁秘密文書を入手し、公表しました。一九七八年にアメリカ国防総省が作成した秘密文書のかなりの部分を、黒塗りで消したうえ、ようやく解禁したものでした。

この秘密文書は、どこに核兵器を持ち込んだかという国または地域別の一覧表からなっており、配備した核兵器の数は記されていませんが、持ち込んだ核兵器のリストが付けられていて、最初の配備時期も記されていました。

その一覧表を見ると、沖縄が西ドイツと並んで、持ち込まれた核兵器の種類が世界中の海外米軍基地のなかのトップで、どちらにもなんと一九種類ずつの核兵器が持ち込まれていたことが裏づけられていました。

その中には、核地雷や、水中で使う核爆雷から始まって、八インチ榴弾砲や地対地核ミサイルのオネスト・ジョン、三人か四人で操作して核砲弾を発射するとされた小型無反動核発射装置デービー・クロケットなどが、爆撃機などから投下する核爆弾などとまざって記されていたのです。

三脚の発射装置（無反動砲）に取り付けられたデービー・クロケット核兵器（米国政府）

第二次大戦後アメリカによって日本から不当に分断された沖縄は、その後一九五二年にアメリカが押し付けたサンフランシスコ平和条約第三条によって実際上、分断が追認され、沖縄県民は引き続きアメリカの軍事植民地支配のもとに置かれていました。

その状況下で、アイゼンハワー大統領は一九五三年

七月二三日の国家安全保障会議（NSC）で、沖縄への核兵器持ち込みをひそかに決定しました。

この日のNSC秘密議事録は、アイゼンハワーが沖縄への核兵器配備を提案し、その通りに決定がされたことが、次のように記録されています。

「大統領は（略）想定される緊急使用のため、沖縄での核兵器能力を使用可能にすることを考えているとのべた」

そして翌五四年、沖縄の嘉手納空軍基地に隣接する巨大な米軍弾薬庫などに、多数の核兵器が配備されました。さらに米軍が沖縄に追加配備した他の核兵器も加えると、沖縄の米軍基地は海外における米軍最大の核兵器基地にされたのです。

ベトナム戦争のさなか、沖縄では核兵器の使用訓練がおこなわれていた

では沖縄に持ち込まれた核兵器は、ベトナム戦争でどんな動きを示したのでしょうか。

その生々しい動きには、依然としてベールがかかっていますが、南ベトナムに派兵された米軍が、核兵器使用の担当者をしばしば沖縄に派遣し、ベトナム戦争中に沖縄で核使用準備の訓練などをおこなっていた事例が、米軍文書や証言から明るみに出ています。

アメリカにとってケサン陣地をめぐる戦況が暗さを増していた一九六七年一〇月には、沖縄の海兵隊基地に「核攻撃待機体制」（ニュクリア・アラート）が発令されます。**そのさなかに、沖縄の海兵隊基地で核地雷を使用するための強化訓練中に、重大な放射能漏れ事故が発生しました。**

この事故は当時まったく秘密裏に処理されたのですが、ようやく一九八〇年代に入って、被害者の一人だった元海兵隊員が告発し、米ミシガン州アナーバーの新聞が報じて明るみに出ました。

その元海兵隊員で、事故で被曝し体調不良に苦しむようになったトーマス・デレルエレ氏によると、事故は一九六七年一一月一八日か一九日、沖縄駐留米海兵隊のキャンプ・ヘーグ内で起き、少なくとも米兵七人が被曝しました。同氏の被曝量は、事故一〇日後でも四〇〇ラドで、医師から「生きているのが不思議だ」と言われたそうです。デレルエレ氏は、南ベトナムのケサン基地勤務でしたが、「核攻撃待機体制」発令後、沖縄に呼び戻され、核地雷の訓練を受けていたときに事故にあったのでした。*15

核地雷はごく小さな核兵器とされており、橋や建築物の破壊などを主目的に使われる兵器だということです。

日本では、デレルエレ氏とのインタビューは、一九八〇年代前半に「しんぶん赤旗」が報道し、その後二〇一一年長崎放送（NBCテレビ）制作の特別番組で放映されました。

「しんぶん赤旗」の堀江則雄記者の取材によると、**デレルエレ氏は、ベトナム戦争時、沖縄のキャンプ・ヘーグに核兵器が貯蔵されていたことを明らかにしながら、一九六七年一一月、ベトナム戦争のテト攻勢を前にして、南ベトナムのケサン基地から沖縄の米海兵隊基地キャンプ・ヘーグに派遣されたとのべ、核地雷使用の演習で現物を使った訓練中に、核兵器事故が起き、強い放射能によって被曝したことを明らかにしました。**

長崎放送の関口達夫記者は、二〇一一年にデレルエレ氏にミシガン州でインタビューしましたが、核地雷事故の発生当時の模様と被曝の状況がさらに詳しく明らかにされました。その関口氏の取材に、**デレルエレ氏は核地雷訓練が、ＣＩＡが管理していたキャンプ・ヘーグ内の特別施設でおこなわれたと語り、ＣＩＡと核兵器使用政策との隠された関係が視聴者を驚かせました。**

私は、沖縄の米海兵隊基地内で起きたこの核地雷事故に注目し、一九六五年に沖縄から南ベトナムに派兵された第三海兵師団の活動を詳しく知るため、南ベトナムにおける同師団の「月報」の数年間分をアメリカ国立公文書館から入手しました。

その中に、南ベトナム派遣中の同師団から、将校や下士官がしばしば「核兵器訓練」のために沖縄に派遣されていた事実を知ることができました。公然と「NUCLEAR WEAPONS TRAINING

COURSE」（核兵器訓練過程）と書かれているものもあれば、「SPECIAL WEAPONS TRAINING」（特殊兵器訓練）とされたものもありましたが、デレルエレ氏が沖縄のキャンプ・ヘーグで核地雷訓練を受けた当時の核兵器使用訓練がそこに記録されていたのです。

沖縄からベトナムに持ち込まれた米海兵隊の原子砲（アトミック・キャノン）

ベトナム戦争では、一九六五年三月、最初の大規模な地上戦闘部隊が南ベトナムに投入されたとき、沖縄から第九海兵遠征旅団の二個大隊など三五〇〇名がダナンに上陸。同部隊が翌四月、原子砲——八インチ榴弾砲——をダナンに持ち込むと、国際的非難が起きました。

ベトナムに持ち込まれた米海兵隊八インチ榴弾砲に関する文書を、私は米テキサス工科大学・ベトナムセンターが収蔵しているベトナム戦争中の米海兵隊内部文書から入手しました。それは、沖縄から南ベトナムのチュライ基地に派遣されていた第三海兵師団所属の「８インチ榴弾砲中隊」の報告書です。

そのなかの一九六七年六月一日付作成の報告書やその他に、「SPECIAL WEAPONS TRAINING（特殊兵器訓練）のため、将校一名と下士官二名が沖縄に派遣された」などという記述がありました。

先ほどふれた核地雷のための沖縄での訓練も、ときには「核兵器訓練」と明記し、また別のときには「特殊兵器訓練」と記載していましたから、両方とも核兵器の使用訓練であることは明らかです。

ともかくベトナム戦争のさなかに、南ベトナムの戦場から沖縄に派遣され、いつでも原子砲を使えるようにするための訓練がおこなわれていた事実は重大です。

沖縄の基地問題を長らく追跡してきた現地の友人によると、当時、米海兵隊が八インチ原子砲の基地にしていたのも、核地雷と同じキャンプ・ヘーグでした。

キャンプ・ヘーグ（キーストンスタジオ蔵　那覇市歴史博物館）

そう言えば、実は同基地周辺で一九六八年に放射能漏れによるのではないかという疑惑が住民の間にひろがった事件がありました。キャンプ・ヘーグ基地から近い具志川市（当時）などの天願川沿い水田地帯で、一〇本足の奇怪なカエル多数が相次いで発見されたのです。当時、この問題を追及した新聞「人民」は、その周辺二カ所に核弾薬貯蔵所があることと関係があるようだと住民が問題にしていたことを報じていました（沖縄人民党機関紙「人民」一九六八年八月三日付）。

しかも、その事件は、のちに判明した核地雷の放射能漏れ事故からおよそ半年ほどあとのことだったのです。沖縄県民に深刻な危険をもたらす状況が現に存在していたことを頭から無視し、あらゆる意味で危険この上もない核兵器使用戦略をすべてに優先させた、米軍の無神経きわまるやり方をあらためて見せつけられる思いがしたことを覚えています。

沖縄の嘉手納基地に配備された核兵器

米空軍の場合、嘉手納基地に隣接する巨大な弾薬庫に一九五四年、米国のニューメキシコ州サンディア空軍基地から核兵器などの弾薬管理部隊とともに、核兵器が配備されました。


のちに「米空軍第四〇〇弾薬整備中隊」（400MMS）の名で知られるようになった同部隊は、沖縄への配備以来の経過について、次のように説明しました。

「わが弾薬部隊の歴史は、一九五四年にニューメキシコ州サンディア基地で始まった。数カ月間の強化訓練を経て、弾薬部隊は沖縄の嘉手納基地に配備された。

この弾薬整備部隊こそは、太平洋戦域の全域における米空軍用弾薬のすべてに関する貯蔵と整備を担当した、この地域で例を見ないほどの絶大な任務を持つ唯一の米空軍部隊になった」

この説明に出てくるサンディア基地とは、一九四五年の広島・長崎原爆投下計画のさい、すぐ近くにあった原爆開発の中心拠点ロスアラモスから届けられた原爆を、西太平洋のテニアン島へと送り出して、広島、長崎への原爆投下に関して重大な役割を演じた米軍基地であり、米軍の核兵器機能の中枢を占めるきわめて巨大な核兵器基地です。いまはカートランド米空軍基地と名を変えたものの、米空軍最大の核兵器拠点であることは変わりません。

私は同基地内の核兵器博物館を訪れるため同基地に行ったことがありますが、基地のそばの道路脇に、"CAPITAL OF NUCLEAR WEAPONS"（核兵器の首都）と大書された看板が立っているのを目撃したことがあります。さらに核兵器博物館の内側には、核兵器の実物大模型がずらりと並んでいるすぐ脇に、ロッキード社の広告が張り出されているのを見たものです。

米空軍第四〇〇弾薬整備中隊が核兵器部隊であることは、日本共産党国会議員団が一九七一～七二年にかけておこなった沖縄での調査で入手した米軍内部資料からも明らかです。同部隊の「点検報告書」には、多数の核爆弾の取り扱いがきわめて詳細に記録されていました。

沖縄への核兵器配備を指示したアイゼンハワー大統領は「核兵器も通常兵器と同じように使える」という驚くべき持論の持ち主でした。

沖縄への核持ち込みを指示したその一九五三年、アイゼンハワー政権は新しい国家安全保障基本戦略「ニュールック」を策定しました。そのとき、大統領は政権内部の安全保障戦略づくりのチームに対し、「核兵器も通常兵器と同様に使える」という文言が同戦略の肝心の核心だと強調して、それを秘密の文言として書き込ませました。

その直後、「ニュールック戦略」が大統領の指示通りに決まったことを確認すると、**アイゼンハワー大統領は政権内部だけに向けられた重要指示として、「『核兵器も通常兵器と同じように使える』という文言を、絶対に外部に公表してはならない」と厳命した**ということです（元米国家安全保障担当大統領補佐官マクジョージ・バンディの回想[*16]）。

アイゼンハワーによる沖縄への核兵器配備決定は、通常兵器と同じように核兵器は使って当然と強調した、残忍非道な思想の「戦略化」だったというべきでしょう。

沖縄での米軍の土地強奪と核兵器基地の建設

占領中の沖縄で、米軍は軍用地拡大のため、沖縄県民の土地を強奪して基地を建設しました。そのために起こった事件として、一九五〇年代半ばの「土地闘争」という言葉で象徴される、

強制徴収した土地で米軍飛行場の拡張工事が進む（伊江島で）
（沖縄県公文書館）

県民の反対闘争はかなり知られています。しかし実際には、沖縄ではそれよりもっと前の、一九四五年の「沖縄戦」のすぐあと、米軍による大規模な軍用地のための、最初の土地強奪が強行されていたのです。

沖縄での米軍の土地強奪の歴史をふり返ると、二つのヤマ場があります。

一回目は一九四五年の「沖縄戦」直後で、米軍は、沖縄本島では十数カ所の収容所に住民を長期にわたり閉じ込め、その間に米軍が必要とする土地を、土地所有者にさえ知らせず勝手放題に強奪したきわめて深刻かつ重大な事件でした。この第一次土地強奪により総面積一七〇～一八〇平方キロメートルの土地が一方的に米軍用地にされました。

私が入手した沖縄駐留米陸軍の内部文書は、このときの土地強奪について、「沖縄侵攻後すぐ『征服の権利（ライト・オブ・コンクエスト）』によって必要な用地を手に入れた」と、平然と明記しています。「征服の権利」というのは、古典的植民地主義の衰退とともに、死語になっていたはずの言葉です。

二回目の土地強奪は一九五三年以降のものですが、取り上げられた土地の総面積は、第一次をやや下回るものの、ほとんど同規模でした。とくに目をひいたのは、「核兵器は通常弾薬と同じように使える」という当時のアイゼンハワー政権の新戦略に沿って、沖縄に核兵器基地を構築することが、一大重点目標にされていた事実です。

その代表例として、米軍は沖縄本島北部の離島、伊江島（いえじま）の米軍補助飛行場を拡張し、嘉手納基地その他の米航空基地から飛来する軍用機が使う射爆場の建設を開始。とくにその一環として強行されたのが、一九五五年三月以来の、核爆弾の投下演習をおこなうための、土地の強制徴収と基地の拡大でした。

このとき米軍は、立ち退き命令に応じなかった一三一戸については、住民が住む民家に軍のブルドーザーを突入させ、あるいは家屋に放火するなどして、居住する住民の最小限の財産まで乱暴に破壊し、それらの人々が住めないようにしました。

核兵器基地づくりのもとで、苛烈をきわめた沖縄県民の弾圧

このように一九五三年から五五年にかけての時期、沖縄では米軍による沖縄県民へのむき出しの弾圧と民主主義の抹殺、そして県民の人権をじゅうりんする露骨きわまりない占領政策が相次いでいました。

たとえば一九五三年に琉球大学の四人の学生が、前年に東京で刊行された『アサヒグラフ』誌一九五二年八月六日付の広島・長崎原爆写真特集号の各ページを戸板に貼って、那覇市内の数カ所で原爆の惨害を訴える街頭演説をおこないました。どの場所でも市民の強い関心が寄せられたそうです。

ところが、四人の学生はその後、それを理由に琉球大学を退学させられるという事件が起きたのでした。これは米軍の意向によるもので、核兵器についてモノを言う自由は許されないという不法がまかり通った、当時の沖縄の状況を物語る弾圧でした。

このような米軍政による沖縄県民の弾圧に抗議し、祖国復帰のために奮闘していた沖縄人民党への圧迫も、そのころ相次ぎました。一九五四年一〇月、沖縄人民党の瀬長亀次郎さんは、

奄美諸島が日本に返還された直後の時期、奄美の一活動家をかくまったという根拠のない口実で不当逮捕されました。瀬長さんは米軍の軍事裁判にかけられ、弁護士の出廷も許さないその軍事法廷で懲役2年を言い渡されました。

瀬長さんの逮捕直後の一〇月七日未明、不当弾圧に憤った人民党の人たちが抗議集会の開催を呼びかけようではないかと考え、相談するため建物の一室に集まってポスターをつくるなどし始めたところに、警官隊がその場を急襲して二五人を逮捕するという事件も起きました（「沖縄タイムス」二〇一七年六月一五日付）。

一九五四年前後に沖縄で起きた一連の言論弾圧事件をふり返ると、米軍が沖縄に核兵器を配備しつつあったまさにその時期に、県民がいっさいモノを言えないようにすることを狙って、苛酷な言論封殺や弾圧が強行されていたとしか考えられません。

米軍は沖縄の核戦争基地化を進めるため、沖縄での大規模な軍用地の強奪も強行しました。

のちに土地問題で沖縄を視察しにきた米下院の軍事委員会視察団は帰国後、沖縄の軍用地接収に関する「プライス報告」を一九五六年に公表しました。その中に、沖縄においては「核兵器の貯蔵や使用の権限について（略）制限が存在しない」という重大な文言が記されていたため、県民のあいだから強い憤りと抗議の声が噴出しました。

当時、沖縄県民は一九五四年の沖縄の立法院決議にそって、県民の土地を守る「四原則」、

つまり、

「米国による土地買い上げ・永久使用に絶対反対」

「現に米軍が借用中の土地に適正で完全な補償をおこなうこと」

「米軍によるすべての損害に住民の要求する適正額を速やかに支払うこと」

「現に米軍が占有使用中の不要の土地を早急に開放し、新たな土地接収は絶対に避けること」

の要求貫徹を求めて、沖縄中で島ぐるみ闘争が大きくひろがったのでした。

一方的な軍用地の収奪にたいしては、伊江島その他での「銃剣とブルドーザー」による強奪や、土地の一括買い上げなどに対して、文字通り「島ぐるみ」のたたかいに発展し、その後、辺野古・新基地建設に反対する現在の「オール沖縄」の源流となっていきます。

原水爆禁止世界大会で沖縄の「原水爆基地化反対」を訴えた瀬長亀次郎

米軍に逮捕され軍事裁判で不当な裁きを受けた瀬長亀次郎さんは、一九五六年四月に釈放され、同年八月、長崎で開かれた原水爆禁止世界大会（第二回）に沖縄代表として出席されました。

たまたま私は長崎の民間放送ラジオ局の記者として、原水爆禁止世界大会の取材を担当しましたので、大会の全経過を録音した音源を元に最初の二日間、聴取者が最も多く聞いてくれる午後七時からの三〇分間全部を使い、実況録音構成番組を放送しました。

瀬長さんは米軍事裁判で懲役二年の不当判決を受けてようやく四ヵ月前に釈放されたばかりでしたが、沖縄県民の「四原則死守」のたたかいと沖縄の核戦争基地化へのきびしい抗議についで発言されました。

瀬長さんが、

「太平洋の一大強制収容所にされている沖縄で八〇万県民が受けた苦しみと屈辱を報告します」と口火を切ると、参加者の目と耳が一点に集中しました。そして「原水爆基地沖縄」という瀬長さんの痛烈な告発に、大きな衝撃が走りました。

瀬長さんは、沖縄の伊江島における米軍による住民の土地強奪をきびしく糾弾され、米軍部隊が部落を急襲して民家に放火するなどの不法行為に厳重に抗議されました。伊江島の土地強奪は、核模擬爆弾の投下演習を一日も早く強行しようとして、米空軍が実力部隊を投入し演習場の拡張を急いだものでした。

瀬長亀次郎（1907-2001）
（沖縄県公文書館）

瀬長さんにはその翌日の沖縄問題分科会でインタビューしましたが、弾圧に抗してきびしいたたかいをしておられる人とは思えないような、やさしい思いやりを感じる方でした。

ところで瀬長さんは、このときの長崎での原水爆禁止世界大会への出席後、沖縄に戻られましたが、再度、沖縄問題の全国集会や原水爆禁止世界大会、また病気治療のためにも、沖縄から他府県への渡航申請をされたものの、渡航を管理する米軍によって、一九五七年から六七年まで、実に一一年間も他府県への渡航は完全に禁止され続けました。[*17] それは、日本国民の人権とわが国の主権に対する驚くべき侵害でした。

当時のこの問題に関する米軍の文書を見ますと、彼らは、核兵器については原則として沖縄の米軍基地に保管させる一方で、ベトナム駐留米軍からの要請に応じ、沖縄からベトナムに核兵器を届けて実際に核兵器を使う体制をとっていたのです。

沖縄の米軍基地での核兵器使用のそうした準備体制については、米統合参謀本部が刊行した『ベトナム戦史』も記しています。

一九六八年はじめの南ベトナムのケサン戦線（南ベトナムの軍事境界線に近い激戦地）の戦闘にふれたなかで、シャープ米太平洋軍司令官が、「核装置〔＝核兵器〕は沖縄において準備されつつある」と語ったと記されています。

要するに、アメリカのベトナム戦争中、南ベトナムで米軍が核兵器を使用する場合、それは沖縄で準備されるというのが、米軍内部の当時の共通認識になっていたのです。

沖縄と南ベトナムを結んで核兵器使用計画が準備されていた

　当時、南ベトナムの前線に出動した米陸軍は、沖縄の核兵器基地と頻繁に連絡しあい、ベトナムでの核兵器使用計画の実行準備をおこなっていたことが、米陸軍の内部資料から判明しています。

「在南ベトナム米陸軍の展開と支援」（ARMY DEPLOYMENT AND SUPPORT PROBLEMS - VIETNAM）という名の連絡文書で、彼らが沖縄基地から送られてくる核兵器を待ち受けて、核兵器の使用に向けた準備態勢をとっていたことも、ほぼわかります。一九六五年から七二年まで頻繁に発行されており、私はそれの解禁版を米テキサス工業大学ベトナム・センター文書館から入手しました。

　それは南ベトナムに派遣された米陸軍が、沖縄の米軍基地とこの問題で頻繁に連絡をとりながら、傘下の部隊あてに数日ごとに届けていた連絡通報です。

　たとえば、南ベトナムの米陸軍部隊は核兵器の保全（メインテナンス）に欠かせない核兵器整備要員を相当数、一九六五年以来配備していたことが、この通報記録からわかります。

いざベトナムで核兵器を使うと決まったら、沖縄の基地からベトナムの基地に核兵器を送り届け、それを使えるようにする仕組みが、沖縄と南ベトナムの双方の基地でつくられていたわけです。つまり、沖縄から核兵器が送られてきたら、そこから核兵器の発射ボタンを押すまでの責任を、南ベトナム駐留の米陸軍がとるという仕組みでした。

このため一九六五年ごろから、沖縄の核兵器が南ベトナムに駐留する米軍の手許に届けられた場合に、核兵器の使用を最終目標にしながらどういう作業を計画しておくかが米軍内で立案され、詳細な核兵器使用計画が大がかりに準備されていたことが読みとれます。

核兵器の整備要員配備状況は、次のようなものでした。

・一九六五年八月一八日付の在南ベトナム米陸軍通報

核兵器整備要員の配備割当数……………九六九人
同　現実の配備要員数……………………八〇三人
同　不足数………………………………一九九人

・一九六五年一〇月六日付の通報

（上級・下級の核兵器整備要員数を分けて示していますが合計数だけを示します）

核兵器整備要員の配備割当数……一〇一五人
同　現実の配備要員数………………九九〇人

・一九六五年一一月二三日付の通報

（上級・下級の区別なしの合計数）

核兵器整備要員の配備割当数……一〇四二人
同　現実の配備要員数………………一〇二二人

米陸軍だけで、南ベトナムに一〇〇〇人以上もの核兵器整備要員を常駐させていたことがわかります。要するにこれらの要員は、沖縄の基地から南ベトナムでの使用を目的に核兵器が届けられた場合、それを受けとって整備し、迅速に核兵器発射を可能な状態にするための軍の専門要員です。

核兵器そのものが沖縄に置かれていたのは、南ベトナムでは米軍基地がいつ戦闘に巻き込まれるかわからないので、核弾頭などの貯蔵は危険だと米軍が判断していたからでしょう。

この米陸軍の配備・支援についての傘下の各部隊宛の冊子には、一九六六年八月二二日付以降のものに「核兵器の機能復元」と題する「注意書き」が頻繁に発せられています。そして

「核兵器の機能復元」のため、「選択・指示された部隊は、連絡を受け取り次第、緊急に核〔発射〕機能の構築計画にもとづいて、配備展開が可能な状態にしておかなければならない」と指示しています。

これは核兵器発射機能の再現にとりかかれという、戦場での核兵器部隊への重大な指示です。そして核兵器機能をもつ部隊名のリストを明記して、文字通り、臨戦態勢をとることを具体的に指示したものも含まれていましたが、その指示の対象となる部隊は、米本国からの部隊が圧倒的に多く、その数分の一程度の太平洋地域の米部隊がそれに続きます。

こうした連絡文書のうち、一九六七年一二月一一日付のものには、実際に核兵器能力をもつ部隊名とその準備態勢が列挙されていますが、そのなかに沖縄から南ベトナムに移駐していた米陸軍第一七三空挺旅団の「核地雷小隊」の名が明記されています。

同部隊は沖縄の西表島（いりおもてじま）、読谷村（よみたんそん）などで訓練をおこない、六五年に南ベトナムに配備されましたが、この「核地雷小隊」の存在が明らかになったのは、この文書が初めてです。そこには、「早急に、部隊の核能力を再構築するための計画を支援するため、臨戦態勢をとるよう」との指示が書かれ、人員・訓練・装備の三点で核兵器能力の整備状況が記されています。

なお陸軍一七三空挺旅団は、一九六五年の米軍大量投入の一環として沖縄から南ベトナムに投入され、当時のサイゴン近郊の、きわめて先鋭的なベトナム解放運動経験者らが多く住む地域で、血生臭い殺戮戦をやったひどい連中です（ニック・タース著『動くものはすべて殺せ――アメリカ兵はベトナムで何をしたか』［みすず書房］に、沖縄の基地から南ベトナムに派遣された第一七三空挺旅団のおそるべき殺戮行為が、裏づけ資料とともに詳しく暴露されています）。

米軍の無期限の沖縄支配を正当化した対日平和条約第三条

米軍が沖縄を核戦争基地化した背景には、米軍による無期限の沖縄支配を正当化した対日平和条約第三条があります。

沖縄県は第二次大戦の末期、日本国内で唯一、米軍との激しい地上戦となった「沖縄戦」の戦場と化し、沖縄県民は悲惨きわまる目にあいました。

そのうえ、沖縄戦直後から、沖縄県全土は日本の他府県から完全に切り離され、いつまでその状態が続くかの期限も示されないまま、米軍の直接軍事占領のもとにおかれたのでした。

当時、戦場にされたためあらゆるものが無惨にも崩壊した沖縄県の現実からすれば、戦後日本の再建にあたって、沖縄県にこそ優先的に手厚い手当てや復興措置がなされるべきでした。

しかし日本政府は、日本からの沖縄の「分離」と、米軍による期限さえ提示されない直轄占領という、アメリカの理不尽な要求に追随して、沖縄県民にアメリカによる軍事植民地支配下の深刻な苦しみを強いたのです。

それから数年たって、戦争終結にともなう条約として沖縄県民に押しつけられたのが、一九五一年九月八日にサンフランシスコで調印され、翌五二年四月二十八日に発効した、対日平和条約の第三条でした。

けれども沖縄に関するこの第三条の取り決めには、もっぱら沖縄でのアメリカの事実上無期限の占領を正当化する文言しかなく、一体いつになったらアメリカによる沖縄の軍事占領が終わるのかさえ、まったく示されない驚くべきものでした。

平和条約第三条の内容は、次の通りでした（以下要約）。

「日本国は、北緯二十九度以南の南西諸島（琉球諸島など）を、米国を唯一の施政権者とする信託統治制度下におくこととする、国連に対する米国のどのような提案にも同意する。

こうした提案がおこなわれ可決されるまで、米国はこれらの諸島の領域と住民に対して、行政・立法・司法上の全権力を行使する権利を有する」

そもそも、日本が第二次大戦終了後、アメリカなどこれまでの交戦国とのあいだで結ぶ平和条約は、日本と関係各国とのあいだの戦争状態を法的に終わらせるとともに、日本全体が自立した平和な国としての道を歩むための、きわめて重要な出発点となるべきものだったはずです。

しかし、実際の対日平和条約はそうならず、アメリカのごり押しと、それに唯々諾々と従った日本政府の卑屈な対米追随のせいで、沖縄での米軍の事実上の軍事占領的な状態は、「平和条約」第三条の奇怪な取り決めにより、アメリカの単独軍事行為として期限も切らずに続けられることになったのです。

こうした沖縄の実質的無期限占領ともいうべき米国の権限をおしつけた、敗戦国への理不尽きわまる主権じゅうりんの戦後処理の取り決めは、さすがに第二次大戦後のドイツやイタリアでも見られず、日本の沖縄などだけでおこなわれたものでした。

日本弁護士連合会（日弁連）は戦後、このような経過で生じた沖縄問題について、沖縄現地での実地調査も含め本格的な調査をおこない、その報告書を公表しました。[*18]

その報告書に、対日平和条約第三条の特徴としての深刻な問題点を指摘した、フランスの国際法学者ジャン・ロッシュの対日平和条約第三条に関する次のような注目すべき分析が引用されています。

「併合を実現することなくして、併合の利益を享受する手段としてこれより巧妙なものを私は知らない。この見地から〔対日平和条約の〕第三条は極めて注目すべきである。

米国は、現実には主権の全権を行使するが、併合の非難を受けないように、彼らはこの領域（沖縄）を将来の信託統治地域として今から提起しておき、施政のいかなる程度にあるを問わず、これを見合わせておく。この領域は併合されず、信託統治制度にも置かれていないから、非自治地域でもない。それは仮りの地位であり、恐怖に充ちた法的怪物（Monstre-juridique）の一つである」

いまみたようなアメリカの異常な無期限の沖縄軍事支配と沖縄県民の基本的権利じゅうりんをもたらした、対日平和条約第三条について、私たちがきちんとした理解と批判をもつことは、沖縄問題の歴史と本質を正確に知るうえできわめて重要だということをここで強調しておきたいと思います。

水爆搭載機水没事件と核使用準備

ベトナム戦争での核攻撃準備にかかわったのは、米軍の占領下にあった沖縄だけではありま

せん。この章の初めの方でのべた一九六〇年の日米核密約によって、艦船と航空機による事実上の核兵器の持ち込みが許されていた日本本土の米軍基地も同じでした。

その実例の一つが、一九八九年に暴露された空母タイコンデロガ号の水爆積載艦載機水没事件です。この事件は、日本のすぐそばの海に核兵器が沈んだことで日本国民に大きな衝撃を与えました。核兵器を積んだ空母が、日本を拠点にしてベトナムへの核攻撃準備を進めていたことが明らかになったのです。

この事実を米海軍内部文書などにもとづき明るみに出したのは、在米ノン・フィクション作家のドウス昌代著『水爆搭載機水没事件――トップ・ガンの死』です。[19] 同書には、水没した水爆積載機の乗り組みパイロットで、核爆弾と運命をともにした故ダグラス・ウエブスター中尉の日記も引用されおり、ベトナム戦争中に核使用準備にかかわった米軍関係者の貴重な証言となっています。

その事故は、一九六五年一二月五日の午後二時五〇分に起きました。沖縄本島北よりの奄美諸島の喜界島の一三〇キロ沖合で、空母タイコンデロガ号の甲板から、水爆を積載した艦載攻撃機のA4Eスカイホーク（第四七二号機）が滑り落ち、パイロットもろとも海中に水没したのです。

ベトナム沖から神奈川県の横須賀米海軍基地に直行していた途中の、核出撃を想定した核爆弾搭載訓練の最中のことでした。この訓練は、核攻撃命令を受けたとき、一瞬を争って艦載機に核爆弾を積み、エレベーターで飛行甲板に上げて同機を発艦位置につけるというもので、実戦さながらのものです。訓練に使われていたのも本物の核爆弾でした。

水爆とともに海に沈んだウエブスター中尉が、空母乗り組みの任務を与えられたのは、二カ月余り前の一九六五年九月二八日でした。空母タイコンデロガがベトナム爆撃のため、フィリピンのスービック湾経由で北ベトナム沖のトンキン湾をめざして、母港サンディエゴを出港したその日のことです。

タイコンデロガ号は、一一月五日にベトナム爆撃の出撃水域、トンキン湾の特別作戦海域に到着しました。それからほぼ一カ月間、ベトナム爆撃をおこない、一二月二日、トンキン湾から横須賀に向かいました。その途中、核出撃訓練がくりかえされ、その過程で事故が起きたのです。

事故直前の、ベトナムへの爆撃をくりかえしていた最中の日記に、ウエブスター中尉はこう書いています[*20]。

「われわれ第五空母飛行隊群を例にとっても、飛行訓練の半分以上を、核兵器搭載手順の飛行訓練にいまだについやしているありさまだ。肝心の通常兵器での飛行訓練は、その合間にやっている感さえある」

実際、一九六五年度のタイコンデロガ号艦長から米海軍作戦部長に宛てた艦長報告書は、次のようにのべています。[*21]

「米海軍空母として、『タイコンデロガ』号は指令を受けたいかなる軍事任務をも瞬時に遂行し得る即応性と柔軟性を、常時維持していなければならない。**この任務には米大統領が命令を下すいかなる時刻、および目標地点にも核攻撃を加える即応能力が含まれる**」

ベトナムに展開する空母タイコンデロガ号（米海軍）

ウエブスター中尉の一九六五年一〇月二四日の日記には、

「万が一の指令が（大統領から）下った場合を想定した、『NON－SIOP』攻撃計画をこれから練らねばならない。爆撃目標はハノイ市郊外の橋梁、Ｍｋ57型を使用しての戦闘計画である」

と記されています（「NON－SIOP」とは戦術核攻撃計画のことで、空母の艦載機が独自に実施する核攻撃も、その一つとして含まれます）。

事故を起こしたＡ４Ｅ攻撃機は、単独で核爆弾の搭載訓練をしていたわけではありません。第五六攻撃飛行中隊に属する計八機のＡ４Ｅ機が、事故機と同様の訓練をしていたのです。この飛行中隊以外にもいくつかの飛行中隊が、タイコンデロガ号に乗り組んでいたことから、同空母は五〇発ないし一〇〇発の核爆弾を積んでいたとみられます。

この動く巨大な核戦争基地といえる空母タイコンデロガは、不慮の事故のあと、どこにも寄港せず横須賀に直行しました。事故の翌々日の一九六五年一二月七日午前六時一四分、東京湾に入り、午前八時三〇分に横須賀基地の第一二号岸壁に接岸。ドウス氏の調査によれば、一二月一六日までの**一〇日間にわたる横須賀寄港中も含めて、事故機が属していた第五六攻撃飛行中隊の出撃報告書には、こう書かれていました。**

「当中隊は核兵器攻撃命令がいつ出ても即、対応可能な、非常事態への準備態勢が常時できている」

つまり横須賀寄港中も、核攻撃任務は継続されていたのです。

このタイコンデロガ号事件は、日本の米軍基地がアメリカの核使用計画といかに深くかかわっているかを表しています。しかし、それは氷山の一角であり、第二の、第三のタイコンデロガといえる、いくつもの空母が同じようにベトナムに対して核使用の準備態勢をとり、在日米軍基地を利用していたであろうと推測できます。それに関係したアメリカ政府と軍の秘密文書が、まだ解禁されていないだけでしょう。

朝鮮戦争当時と比べて、ベトナム戦争においてはアメリカの核使用準備も在日米軍基地の利

用も、はるかに大規模になっていたし、日常化していたのです。

核戦争の恐れのないアジアへの道を

アメリカのベトナム侵略戦争は、トルーマン政権の一九五〇年の国家安全保障会議の秘密決定により、フランスのベトナム植民地支配復活のための戦争に協力する形で始めたものでしたが、その後の二五年間に三〇〇万人ともいわれる多数のベトナムの人びとの生命を奪い去りました。

沖縄をはじめわが国にある米軍基地が、いかにアジア諸国の人びとの平和な営みを深刻に破壊し、人びとの生命を奪うものかを、あの戦争はまざまざと示しました。

ベトナム戦争中、日米両政府の首脳は「佐藤・ニクソン」密約によって、沖縄の米軍基地への核兵器の再導入さえ約束しました。アメリカのベトナム戦争は、大多数の沖縄県民の方々が支持されている〝核も基地もない沖縄〟の実現こそが、平和な日本、核戦争の恐れのないアジアへの真の道を開くことをまざまざと実証していると思います。

注

1 マーティン・ワインスタイン『日本の戦後防衛政策一九四七―一九六八年』（米コロンビア大出版会、一九七一年）
2 米国務省情報報告書（解禁文書）「核兵器、核戦争への日本のかかわり」一九五七年四月二二日付（新原『米政府安保外交秘密文書』所収）
3 同前
4 坂元一哉『日米同盟の絆――安保条約と相互性の模索』（有斐閣、二〇〇〇年）
5 同前
6 不破哲三『日米核密約』（新日本出版社、二〇〇〇年）
7 同前
8 ＮＳＳＭ69（国家安全保障研究覚書第六九号）にもとづく「アジアの戦域核の選択肢」草案（一九七一年六月二三日付）
9 [Kahin,George McT., Intervention:How America Became Involved in Vietnam,Doubleday, 1986,p447
10 Dougan,Clark and Weiss, Stephen,The American Experience in Vietnam,W.W.Norton&Co. 1988,p44-45
11 Schandler,Herbert Y.,Lyndon Johnson and Vietnam:The Unmaking of a President,Princeton University Press, 1977,p.89
12 同前。 p.89-90
13 Westmoreland,William C.,A Soldier Reports, Doubleday&Company,Inc.,1976,p.338
14 Hersh,Seymour M.,The Price of Power:Kissinger in the Nixon White House,Summit Books, 1983,p.120
15 堀江則雄『もう一つのワシントン報道』（未来社、一九八五年）192－198頁
16 McGeorge Bundy, DANGER AND SURVIVAL: Choices About the Bomb in the First FIfty Years. Random House 1988

17　日本弁護士連合会『沖縄白書』、『法律時報』一九六八年三月号臨時増刊所収
18　『法律時報』誌〔日本評論社刊〕一九六八年三月臨時増刊号に『沖縄報告書』として所収
19　ドウス昌代『水爆搭載機水没事件――トップガンの死』（講談社文庫、一九九七年）
20　同前。200頁
21　同前。270頁

パート3

日本への核持ち込みの闇に光を当てる

米海軍横須賀基地に入港する
原子力空母ジョージ・ワシントン（米海軍）

核密約のもとでの核兵器の持ち込み

一九六〇年の核密約のもとでの日本への核持ち込みの実態は、多くが隠されたままです。しかし、アメリカ政府解禁秘密文書を通じて、その知られざる実態の一端が明らかになっています。二つの例をあげてみましょう。

第一は、山口県の岩国・海兵航空隊基地の沖合約二〇〇メートルの海上に、核爆弾を積んだ米海軍LST（上陸用舟艇）が、一九五九年から六六年まで長期に停泊しつづけていた事実です。その船の名はサンホアキン・カウンティ号（一六二五トン）といい、船内に収納されたトラックの荷台に核爆弾が積まれていました。そして、いったん命令が下れば、LSTはただちに岩国基地の岸壁に接岸し、核爆弾を積んだトラックが滑走路に駆けつけ、発進直前の攻撃機に核爆弾を積み込む態勢をとっていました。

この核爆弾を積んだLSTの問題を、複数の日本政府関係者が知っていたとの記述が、当時のホイーラー統合参謀本部議長からシャープ太平洋統合軍司令官に宛てた一九六六年五月一三日付けの電報にあります。

それによると、統合参謀本部がＬＳＴ問題についての資料を洗い出したところ、**「サンホアキン・カウンティ号に関する「複数の取り決め」について、東京の「アメリカ大使館スタッフが知っていた」事実、また「相互防衛条約交渉の日本政府代表（複数）も知っていた」事実が確認できた**というのです。

この「複数の取り決め」が何を意味するのかはわかりません。しかし、それを日本政府代表（複数）も知っていたと記録されているのです。問題のＬＳＴが岩国沖に停泊し始めたのは一九五九年九月で、日米両政府間で安保条約の改定交渉が続けられていた時期であり、「相互防衛条約交渉」とはその交渉を指しているとみられます。

岩国基地沖に配備されていた核兵器を積載したLST（米海軍）

さらにきわめて重大なことは、複数の日本政府代表がこの問題を知っていたことを隠すため、「（その事実は）日本政府の強い要請で用心深く記録から消された」と、同電報に但し書きされていることです。驚くべき隠蔽工作ではありませんか。**この「記録から消された」という文中の「記録」とは、安保条約改定交渉の議事録を指すものと思われます。**

岩国基地での事実上の核兵器配備が日米両政府の共犯行為であったという事実は、「核持ち込みは事前協議の対象」と国民に向かってくりかえされてきた岸首相以降の自民党政権の国民への説明が、いかに重大な日本の核戦争基地化の実像を隠してきたかの一端を物語るものでしょう。

サンホアキン・カウンティ号は一九六六年に、これ以上停泊を続けて事実が露見するのを恐れて岩国を離れますが、有事には再配備する方針がとられていました。なお、この岩国の沖合に七年もの間、核兵器が事実上配備されていたという事実は、一九七〇年代末以降、ライシャワー元駐日大使を含む複数の元アメリカ政府高官らの証言により確認されています。

東京の横田基地に秘密配備されていた核兵器専門部隊の秘密配備

第二は、**一九七二年に東京の横田空軍基地に、核兵器の使用に直結する核兵器専門部隊がひそかに配備されていた**ことを示す解禁秘密文書です。七二年七月一九日付けのインガソル駐日大使発、ロジャーズ国務長官宛て電報で、「PAL（Permissive Action Link）計画」という表題がついています。

ＰＡＬとは、核兵器の起爆用の暗号を組み込んだ電気的なカギで、核爆弾の起爆を可能にする連鎖装置を指しています。核兵器を使う場合にＰＡＬのスイッチを入れておけば、あとはボタンを押して核爆発ができるようになります。核兵器使用の肝心な装置です。

ＰＡＬは同時に、スイッチを切ることで、核兵器を使ってはならないときに誰がどんなにいじっても、核爆発が起きないようにしておくことを保証する装置でもあります。その意味で、大統領の指示によらない核爆発を未然に防ぐ役割もはたすのです。

このシステムが生まれたのは、一九六二年にサンディア国立研究所が開発し、もともとは海外に配備した戦術核兵器の管理に関係がありました。同研究所の広報紙は、

「ＰＡＬにもとづくシステムは、使用の権限が与えられたとき、核兵器を確実に使えるようにし、その権限が適正に与えられていない場合には使えないよう確実に保証するための措置の、きわめて重要な一環である」

と強調しています。

先のインガソル大使の電報の趣旨は、**核使用の心臓部に相当するこのシステムのための専門チームとして、陸軍一七人、空軍一六人の計三三人からなるＰＡＬ部隊が、横田基地に配備された**というものです。しかし、電報が終始懸念を表明しているのは、この核部隊の配備の事実が日本国民にばれることはないのかという点でした。

電報は、「マネージメント・コントロール分遣隊」（略称ＭＣＤ）と名づけられた同部隊の配置が、小規模で、公表用の説明も「空軍のマネージメント活動のコントロールに関係した事柄の調整」という曖昧なものであり、横田基地で兵站補給に当たる第四七五基地航空団（数千人規模）の大規模組織に深く埋め込まれるので、隠し通せるはずだと、ことこまかにのべています。

しかし一方で、暴露された場合の政治的はね返りにも神経を尖らせている様子がうかがえます。

「横田へのＭＣＤ部隊の配属は、安保条約にも事前協議取り決めにも反しないと考えるものの、もしその任務内容が暴露されれば、きびしい大衆世論をまきおこして、日本政府にとり、ひいてはアメリカ政府にとって政治問題化すると強く考えている。したがって、ＭＣＤ部隊の責任内容と活動実態をきわめて厳重な秘密にすることが、特別に重要である。大使館が考えているこの目標は、在日米軍司令部や太平洋統合軍司令官も間違いなく共有しているものである」

この電報が国務省に対して発信された一九七二年七月は、沖縄の施政権返還から二ヵ月後で、在日米軍基地全体を通じ、米軍の軍事活動の自由をより全面的に保証する「日本全土の沖縄化」が進行しつつあった時期に当たります。

沖縄における核兵器の常時配備をやめた代わりに、有事の核兵器配備体制を、沖縄だけでな

く日本本土でも整備し強化する動きがとられていた可能性があるのです。その一環として核兵器使用に直接かかわる特別の部隊が横田基地に配置されたのかもしれません。

日本に持ち込まれた核戦力

核密約のもと、一九六〇年代以降に新しく登場したアメリカの核戦力が、次の通り日本にあいついで持ち込まれました。

1．攻撃型原子力潜水艦の現役配備

アメリカ政府は、一九六一年に日本政府に対し、原潜の日本寄港を「招待」してくれるようひそかに申し入れた。六三年はじめになって初めてアメリカ側の要請が公表され、大きな反対運動が起きたが、六四年一一月に最初の原潜寄港が実現した（佐世保、シードラゴン号）。

2．高性能の小型ジェット戦闘機（爆撃機）の登場と積載兵器の核・非核両用化

F105やF4などをはじめ、核・非核両用の戦闘爆撃機や対地攻撃能力を持つ戦闘機などが配備された。核模擬弾投下訓練が各地でひんぱんにおこなわれた。

3.「メースB」など長距離核ミサイルの海外配備の具体化

中国を明白な攻撃目標とする米空軍の地対地長距離核ミサイル「メースB」が、六一年末に読谷村など沖縄の四カ所に配備された。

4.空母の役割の増大と空母の原子力推進化への着手

原子力空母の「日常的」な日本寄港の実現をアメリカ側はひそかに狙ったが、六八年の原子力空母エンタープライズの佐世保寄港では、アメリカ側の予測をはるかに超えて日本国民の反対世論が高まり、原子力空母の恒常的寄港のくわだては挫折した。そのもとで、横須賀の空母母港化が日本政府の全面協力で七三年に実現した。

これらの動きはすべて、米軍による日本の核戦争基地化を強化する一環としておこなわれたものでした。

核密約下の原子力潜水艦の寄港

原子力空母エンタープライズ（米海軍）

このように核密約は、一九六〇年代以降の日本の核戦争基地化を強化する過程で、決定的な役割をはたし、交渉当初からのアメリカの要望が実現されていくことになります。そして、**核戦争基地化を強化する最大の突破口となったのは、核ミサイルを装備した米海軍の原子力潜水艦の寄港問題でした。**

核兵器を積んだ海軍艦船の日本への寄港は、一九五三年秋の空母オリスカニの横須賀寄港以来、恒常化していました。一九六〇年の安保改定のときの事前協議制度の導入も、核密約により、海からの核持ち込みには影響を及ぼしませんでした。それどころか、まさにこの時期から原子力による攻撃型潜水艦や、原子力空母が、それぞれ初めて日本への寄港を開始したのです。

それは、米海軍の核攻撃拠点としての日本の役割を大幅に拡大するものとなりました。しかし同時に、アメリカ政府は依然として日本国民の反核世論・運動による粘り強い抵抗に、手を焼いたことも事実でした。

原潜の佐世保寄港開始から、原子力空母エンタープライズの佐世保寄港、そして空母の横須賀母港化の軌跡を、アメリカ政府の解禁秘密文書でたどると、次のような事実がわかります。

国民の核戦争基地化反対の世論と運動が、アメリカの計画にとってしばしば深刻な障害をつくりだしたこと。

とくに日本国民に対し、「核兵器に慣れさせる」ための一連のくわだては、ことごとく失敗したこと。

そのなかにあって、自民党政府は恥も外聞もなく、アメリカの核持ち込み戦略に追随して、被爆国日本のほんとうの意味での国益と平和への課題をふみにじってきたこと。

その結果、日米核密約が何度も日米両政府間で再確認されるなかで、ついに双方が事前協議制度そのものを完全に崩壊させてしまった事実が、くっきりと浮かび上がってきます。

原潜の寄港の最初の申し入れは、一九六一年のことでした。[*1] しかし、当時の池田勇人内閣はその前年の安保闘争の雰囲気を克服しきれていないとして、アメリカの要請にしばらく待ってほしいと答えました。この問題が公然化したのは、一九六三年のはじめ以来で、原潜寄港反対の大きな運動が全国的に展開され、国会でも激しい議論が交わされたのでした。

当時、池田首相らは、国会で野党の追及を受けて、「核弾頭をもった船は日本に寄港はしてもらわない」などと答弁しました（一九六三年三月六日）。アメリカ政府は、これを日米核密約（「討論記録」）により両国間で認められている核を積んだ艦船の一時立ち寄り（トランジット）についての合意に違反するものだとみなしました。

そしてアメリカ側は、これを放置したら核密約が保証した事前協議なしの艦船上・航空機上の核兵器持ち込みの「権利」が侵されることになるとして、緊急対策を練ったのです。その結果、開かれたのが、一九六三年四月四日のライシャワー駐日大使と大平正芳外相の秘密会談でした。

核持ち込みを保証させた大平・ライシャワー秘密会談

これを準備して方針決定をするため、ケネディ大統領が招集する対策会議がホワイトハウスで開かれました（一九六三年三月二六日）。その会議で、事前協議に関する一九六〇年一月六日調印の核密約を、池田内閣が知っているのかどうかが問題となりました。そこでラスク国務長官がライシャワー大使に指示して、大平外相とひそかに会談させ、密約との矛盾を指摘するとともに、今後の大平外相らの国会答弁のあり方についても検討すべきだとの結論をくだしたのです。

この指示に従ってライシャワー大使は、一九六三年四月四日朝、東京のアメリカ大使館内にある大使公邸で大平外相とひそかな朝食会を開き、突っ込んだ話し合いをしました。同日付けのライシャワー大使からラスク国務長官あての報告電報によれば、ライシャワー大使は「討論記録」すなわち核密約の英文テキストを示し、核兵器を積んだ艦船の寄港は事前協議の対象外であると指摘したのです。[*2]

これに対し**大平外相は、明らかに自分はこのことについてまったく知らなかったとの態度を**

ディーン・ラスク
（1909-1994）
（米国務省）

エドウィン・ライシャワー
（1910-1990）
（米国大使館）

大平正芳（1910-1980）

みせながらも、ライシャワー大使の指摘をすぐに了解し、今後はアメリカ政府がのべた通りに行動すると約束しました。

ライシャワー大使の報告電報は、

「大平氏の反応は、素晴らしいものだった。彼は、アメリカが『イントロデュース』〔長期的な配備〕という言葉を使ってあらわそうとした意味を、自分が（そして、たぶん池田首相も）理解していなかったことを認めた。しかし、それが明らかになったことに少しもうろたえなかった。大平氏は、艦船上の核兵器の所在を否定も肯定もしないが、同時に日本との条約を条文通り順守するとのべているわれわれの方針に、十分に納得している様子だった」

と強調しました。

事前協議は、核兵器の「イントロデュース（陸上配備）」しか対象にしておらず、艦船や航空機に積載された核兵器の立ち寄り・寄港（トランジット）は対象外であることを、大平外相がただちに「了解」しただけではありません。日本語で日本政府が「持ち込み」という場合も、今後は艦船や航空機による持ち込みは除外した意味で使う必要がある、とのライシャワー大使の示唆までも、そのまま受け入れたのです。

アメリカの思惑と日本の核戦争基地化

このケネディ政権がとったすばやい措置によって、大平・ライシャワー会談は核持ち込みの秘密協定(核密約)の改定にも匹敵する意味を持つこととなりました。日米核密約の歴史上最も重大な事件と言ってもいいでしょう。

当時の大平外相や池田首相にとっては、ライシャワー大使からの指摘は少なからぬ驚きであったでしょうが、核密約の存在を念押しされた日本政府側は、ただちに協力を誓い、密約はその後の日本の核戦争基地化の推進に大いに利用されることになるのです。

国民の反核の世論と運動に絶えず直面している日本の歴代政権は、あたかも「非核」の立場をとるかのようなふりをしながら、実際には日米安保条約と核密約にもとづいてアメリカの核戦略に協力してきています。

核持ち込みを極力おし進めようとする「日本型核持ち込み方式」は、国民世論が課した大きな制約のもとで、「核兵器の所在を否定も肯定もしない政策（ＮＣＮＤ政策）[※]」などのアメリカ政府の厳重な秘密政策と、日米安保条約下の自民党政権の対米従属路線によって長らく踏襲されています。

それは、強力な反核世論が存在する被爆国日本において、核持ち込み政策を推進するアメリカ政府が、日本政府の実質的な全面協力を得てつくりだした方式にほかなりません。

大平・ライシャワー秘密会談の翌年（一九六四年）九月のラスク国務長官から駐日アメリカ大使館への秘密電報は、大平・ライシャワー会談の核心が日本政府の内部でどこまでひろげられたかについて、再度大平氏に接触し、確認するよう求めていました。

当時、大平氏はすでに内閣から離れ、自民党筆頭副幹事長でした。この秘密電報は、日米核密約の厳守というアメリカの期待にもっとも忠実な自民党政治家として大平氏が信頼され、利用されつづけていたことを示しています。

レアード国防長官はそれから九年後（一九七二年六月一七日）の国務長官あて書簡で、大平・ライシャワー秘密会談での核密約確認について、「その後のどの日本政府も、この解釈に異議をとなえていない」と強調しています。

さらに、米国防総省が一九七八年に作成した「核兵器保管・配備の歴史」には、「米国の爆撃機や軍艦は安保条約の秘密協定で許された通り、核兵器の一時通過のため、日本の基地と港湾施設を使い続けた」と書かれています。

※《Neither Confirm Nor Deny》(「肯定も否定もしない」)の頭文字をとったもの。

核持ち込み反対にアメリカは、ＮＣＮＤ政策で対抗

一九六〇年の新安保条約によって導入された事前協議制度のもとでの核持ち込みには、一九五〇年代と異なる新しい特徴がともないました。

その一つは、アメリカ政府が、世界各国でいっせいに実施しはじめた、核持ち込み情報を隠すための「核兵器の所在を否定も肯定もしない」(ＮＣＮＤ)政策が、いよいよ実行されるようになったことです。

当時、日本をはじめとして、ヨーロッパのＮＡＴＯ加盟国の一部を含め、核持ち込みへの批判の世論や主張が国際的にみられるようになったことに、アメリカ政府は神経を尖らせていました。そこには、現実に軍事同盟を崩壊に導きかねない危険な要素が生まれつつあると、アメ

リカは警戒したのです。

アメリカは一九五〇年代にアジアで何度となく核兵器使用に踏み切るかどうかをめぐり、軍部の首脳たちが真剣な検討をおこなう機会がありました。どの場合も、アメリカ政府の内部的調査と分析の結果は、もし実際にアメリカが核兵器を使ったら、他の国はどうであれ日本の世論は確実にきわめて強い反発と憤りを示し、その結果、日米同盟関係の今後が危ぶまれるという結論を引き出していました。

それだけに、核持ち込みに対して起きている一部の国々の反対の世論、とくに日本のそれについては、特別の注意深さと慎重さで対処しなければならないとアメリカの政府首脳や軍関係者は考えたのです。

その結果、核持ち込みに関連して、アメリカの核兵器の所在に関する情報を完全に秘密にし、核持ち込みがなされたかどうかの情報を当該国の国民から隠すために、「核兵器の所在を否定も肯定もしない」政策を、国家の最高方針としてとることが、一九五八年一月二日の「行動調整協議会」（OCB）で決定されました。OCBとは、ホワイトハウス、国務省、国防総省、CIAなどの首脳が集まって、国家的な政策を決めるアメリカ政府中枢の政策調整機関です。

NCND政策に代表される、核持ち込み情報の完全な秘密化というアメリカの政策の狙いは、何よりもまず、日本における核持ち込み反対の世論と運動の「沈静化」にあったのです。

初仕事として原潜を受け入れた佐藤新内閣

米海軍の原子力潜水艦が初めて日本に寄港したのは、一九六四年一一月一二日のことです（正確には「全面占領下の沖縄を別とすれば」初めて）。寄港地は佐世保で、原潜の名はシードラゴン。この日は、佐藤栄作新内閣の成立からわずか三日後でした。

池田首相の病気による辞任を受けて、佐藤は一一月九日午後の衆院本会議で首班に指名されました。原潜の初寄港の受け入れは、新内閣としては異例の早さの初仕事となりました。

実は、首班指名を受けた佐藤は一一月九日夕刻に組閣を終え、夜遅く宮中での認証式にのぞみ、それからまだ十数時間しか経たない翌一〇日午後の早い時間に、赤坂御所で開かれた天皇主催の園遊会（観菊会）において、ライシャワー大使と長い密談を交わしたのです。最初の原潜寄港日も佐藤の強い意見により、その場で決定されました。[*3]

アメリカ国務省内部のその日の記録文書に、ロバート・フィアリ東アジア局長経由のライシャワーの電話報告の内容が、次のように記述されています。

「フィアリが言うには、たったいまライシャワー大使と電話で話したが、ライシャワーは一時間前に佐藤首相と話し合ったばかりだということである。佐藤は原潜寄港を承認するとともに、なるべく早く実現してほしいと望んだ。佐藤は寄港延期の選択肢があることも知っていたが、そうしようなどとは少しも思っていなかった」

もし、日本政府が同年一一月一八日までに受け入れないなら、原潜の都合で翌年一月一二日までは寄港が不可能になるところでした。新内閣ができたばかりだし、延期の選択肢もありうるとライシャワーがのべたのでしょう。しかし、佐藤首相はいささかの関心も示さず、「なるべく早く実現してほしい」と望んだのでした。

アメリカ政府が、佐藤首相が文字通り就任直後に原潜の初寄港を承認したことを大歓迎したことは言うまでもありません。

原潜の安全性データの提供を拒むアメリカ

この一九六四年の原潜シードラゴンの佐世保寄港以来、日本に米海軍の攻撃型原子力潜水艦が寄港をくりかえしています。原潜や原子力空母など原子力軍艦は、原子力発電所と同じように、原子炉災害や放射能洩れ事故の危険と隣り合わせの危険な存在です。

沖縄への原潜寄港は全面占領中の一九六四年にアメリカ軍政当局の「問答無用」による強行で始まりました。一方、本土では一九六三年一月のライシャワー大使による申し入れ以来、日米両政府間で二年がかりの交渉が続き、六四年一一月以降、まず佐世保に、ついで横須賀に原潜が寄港し始めました。

この六三年一月の原潜寄港申し入れの直後から、日米両政府間で原潜寄港の「安全性」をめぐる交渉がおこなわれました。外務省は科学技術庁の協力を得てアメリカ側に三回、詳しい質問書を渡してやりとりしました。その質疑の詳細はアメリカ政府解禁秘密文書に記されています（以下の原潜の「安全性」関連の日米交渉の米解禁文書は、森原公敏氏が米国立公文書館で入手したコピーによるものです）。

そのなかで目を引くのは、原潜の原子炉の「安全性」を自ら確認したいという日本側の要望を、アメリカ側は頑として拒み続け、関連データをいっさい提供しなかった事実です（一九六三年二月一三日付け、ボール国務省次官名の回答）。

たとえば六三年二月二日の第一回質問書で、日本側は「原潜の安全性を検討できるよう、日本側へのデータ提供は可能か」とたずねました。しかし、アメリカ側の回答は「ノー。すべての関連データは機密扱いだ。アメリカ政府が安全を保証する」と、日本側の要望をはねつけるものでした。

その回答に外務省は、原子炉が米海軍に引き渡された際の「検査証明書」だけでもせめて提出できないかと質問しました。それに対してアメリカ側は、そのようなものは「存在しない」とだけ返答してきました。

六三年三月下旬、日本では原子力委員会の委員を含む九人の原子力学者が、原潜の安全性を日本側が自主的に確認しないまま事故が起きたら、原子力委員会への国民の信頼が弱まるという声明を発表しました。また、日本学術会議は原潜寄港反対を表明。原潜寄港に反対する運動が全国各地にひろがってゆきます。

こうした原潜寄港反対の世論の高まりを気にしながら、日本政府は六三年四月一六日にアメリカ政府へ第三回質問書を提出しました。それは、「何回かの回答をきわめて注意深く検討した結果、これまでの説明では国民の理解にとって不十分との結論に達した」という立場からの追加質問で、原潜の設計開始から建造終了までと、就役後の各段階で、原子力推進装置の安全性はどのように検討されたかなどを質すものでした。

原子力軍艦の安全性をめぐる情報は闇の中

その後、五〇日もたった一九六三年六月六日になって、ラスク国務長官の秘密電報が東京のアメリカ大使館に届きました。

「原潜の安全性に関する日本政府のあいつぐ質問書は、アメリカ政府にとって深刻なジレンマをもたらした。〔略〕原潜の原子炉について、**日本政府が的確な判断にもとづき自主的に安全問題の評価をおこなうに足る十分な情報を、われわれは法律上・安全保障上・政策上の考慮から提供できない現実に直面している。日本政府が目標としていることは、理解できるが、ただ実現不可能というほかない**」

「むしろこうしたこまかい一歩一歩は、日本政府が〔原潜寄港の〕大衆的受け入れを勝ち取ることよりも、われわれにとってのリスクをさらに高めるのではなかろうか。そこでわれわれは、あらゆる実際的な目的にとってすでに情報公開の限界に達していると結論づけた」

こうして、原潜の安全性をめぐる日本政府のいかなる自主的点検も、技術的チェックも、すべてかたくなに拒んだ日米交渉の結末がいまも日本を支配し続けています。日本に出入りする

米軍の原子力潜水艦や原子力空母の原子炉の危険性をめぐるいっさいの情報が、完全に秘密にされ続けているのです。文字どおり、まったくの闇のなかなのです。

これまで日本に出入りする原潜や原子力空母の原子炉について、日本政府は自主的に安全を確認する調査をしたことはありません。アメリカ政府は、日本政府が最小限の関連技術データを入手すること自体を、一貫して拒否しています。日本側の立ち入り調査権も認めていません。

日本には原子炉規制法（一九五七年制定）があり、原子力船の寄港について規制措置を設け、「平和目的以外に利用されないこと」と規定しています。しかし、不可思議なことに、「軍艦」は同法の適用対象から除外されているのです（第二三条）。

この一九六三年の日米交渉では、日本の港湾内での原潜からの放射能を含んだ冷却水の放出も問題になりました。日本側は絶対不可の立場でしたが、アメリカ側はそれをはねつけ、冷却水の「濃度」次第との立場で押し通しました。結局、日本側はそれをのんだのでした。

こうして、日本政府は原潜の「安全性」が確保できるかどうかの科学的裏づけも得られないまま、一九六四年八月下旬、原潜寄港の要求を受け入れ、交渉を決着させました。しかし、その決着時点のアメリカ政府の秘密文書の多くが、いまも非開示のままで、事実が隠されていま す。そのため重大な内容の密約が存在する疑惑が持たれています。

実際、その後の原潜寄港をめぐって、港湾内での異常放射能洩れとその隠蔽、原潜に由来する放射能汚染を確認した国会答弁へのアメリカ政府の干渉、日本側の放射能モニタリング体制へのアメリカ政府の介入などがくりかえされているのです。

原潜の放射能洩れと日本側モニタリングを制限する密約

一九六八年五月、佐世保に寄港中の原潜ソードフィッシュ号から異常放射能が排出される事件が起こりました。科学技術庁はその報告を受けながら、「荒天のため観測しなかった」と虚偽の発表をして、事実を隠蔽しました。

しかしそのとき、西日本新聞佐世保支局の記者が現場の不審な動きをつかんで放射能洩れの事実をスクープし、大ニュースになります。ソードフィッシュ号の周辺での海上モニタリングボートによる放射能測定では、一分間に六〇カウント前後だった空間の測定値が、一四四一カウントにまで上がったのです。海水中の測定値も四〜八カウントから七五カウントにもなりました。その後の理化学研究所などの化学分析では鉄59やコバルト60などの放射性物質が検出されました。原潜の原子炉の腐蝕した配管や炉内の錆が放射能化して生じたものとみられます。

だが、アメリカ政府もかたくなに原潜が異常放射能を出すことはありえないとの態度をとりました。来日したアメリカ原子力委員会の専門家も、その立場を一歩も譲らず、横柄な態度をとったため、日本の原子力委員会の専門家たちも憤慨しました。

さすがに日本の原子力委員会は、わが国の港湾内で今後、原潜が冷却水をいっさい放出しないようにアメリカ政府に確約させてもらいたいと、日本政府に要望しました。しかし、この問題をめぐる半年にわたる日米交渉で、アメリカ側は港湾内での冷却水放出の禁止をかたくなに拒みつづけました。

三木武夫（1907-1988）
（内閣官房広報室）

アレクシス・ジョンソン
（1908-1997）
（トルーマン図書館）

結局、日本政府はアメリカ側に押し切られ、わが国の港湾内での冷却水放出を「例外」として認めるとの「会談覚書」に三木武夫外相とジョンソン駐日大使が署名し、手を打ったのでした（同年一〇月三日）。

翌一九六九年秋、横須賀基地に接岸中の原潜サーゴ号からも、異常に高い放射能洩れが検出されました。この事実は科学技術庁の専門家が、現場で携帯用計器による測定をして明らかになったものでした。この事態に驚いたアメリカ側は、米軍の原子力軍艦周辺での日本側による空中モニタリングに関し、軍艦から二〇メートル以上離れておこなうという従来の取り決めによる条件を、今後は「五〇メートル以上」離れるよう要求してきました。

そして二年後の一九七一年、その要求を丸のみして、日本側の空中放射能監視行動を制限する日米密約が交わされたのです。それは、原子力軍艦の寄港地で危険な放射能の放出がなされていないかを見きわめるモニタリング（汚染監視）体制に、大穴を開けたものです。私がアメリカ国立公文書館で入手したその密約文書には、アメリカ政府の秘密区分の「秘」（コンフィデンシャル）のほかに、日本政府の「極秘　無期限」という日本語スタンプまで押してありました。

原子力潜水艦ソードフィッシュ（米海軍）

もともと日本に寄港する米海軍の原潜や原子力空母は、原子炉を動力とする船ですから、原子力基本法の具体的適用としてつくられた原子炉規制法が、当然適用されなければならないはずです。原子力基本法は、わが国の原子力利用を「平和目的」に限ると明言しています。ところが、日本にやってくる米原子力艦船は「平和目的」に反する戦争用なので、つじつまを合わせるために、初めから原子炉規制法の適用除外にしたというわけです。

だから、米海軍の原子力軍艦の原子炉について、日本側は自主的な審査の権限をいっさい放棄しているのです。この主権放棄の米原子力軍艦フリーパスの特例の上に、原子力軍艦周辺の放射能監視体制のなかにまで、「アンタッチャブル（不可触）空間」をつくったのが、この密約なのです。

関連の解禁秘密文書には、密約づくりの交渉経過を説明した米国務省の内部報告書も含まれていました。**それを読んで驚いたのは、密約がばれた場合に備え、日本政府が「日本の主権的権利を放棄したわけではない」と国民向けに見せかけることができるよう、周到な文言を追い求めたために、交渉が二三ヵ月にも及んだというくだりがあったことです。**日本政府は対米従属のあわれなまでの実像を隠すため、錬金術師まがいのことまでやっていたのです。

原潜の放射能洩れとアメリカ政府の干渉

そうした事件があいつぐなかで、一九七二年五月の沖縄の施政権返還を迎えました。その年の後半、科学技術庁は、それまで原潜の放射能洩れが指摘されてきた那覇軍港とホワイトビーチで放射能調査をおこないました。その結果、両港で人工の放射性核種のコバルト60の異常値が見つかったのです。

この問題について、国会で加藤進参院議員（日本共産党）が一九七四年二月二五日、コバルト60の異常値の原因は何だと認識しているかと政府を追及しました。答弁に立った科学技術庁の伊原義徳原子力局次長は、異常値の原因の一つは原潜とみられると答えました。

それが翌朝の新聞で報じられると、その日、東京のアメリカ大使館の政治・軍事担当参事官はひそかに、しかし居丈高に日本政府に要求を突きつけてきました。アメリカ政府解禁秘密文書にその詳細が記されています。

大使館から国務長官に宛てた緊急電報（一九七四年二月二七日付け）によれば、政治・軍事担当参事官は外務省の山下〔新太郎〕安全保障課長に対し、国会での伊原答弁に「仰天している」と伝え、「説明を要求」するとともに、「こうした言明が今後くりかえされないよう」求めました。すると、外務省当局者は科学技術庁の原子力局長と伊原次長に、「伊原答弁が無用な波紋をひろげている」と指摘しました。その結果、伊原次長はすぐに、「国会での言明は誤って口にしたもので、軽率な答弁だった」と認め、アメリカ側にわびたのでした。

このアメリカ大使館の秘密の介入から二日後の二月二八日、伊原次長は衆院科学技術特別委員会において原潜のコバルト60問題に関して釈明しました。まず「誤解を与えた」とのべながら、「コバルト60が海底土や海水中にある原因はいろいろ考えられるが、科学的にまだ明らかでない点が多い。原潜の疑いをまったく否定できるほどの科学的根拠はないと言ったつもりだったが、ただ人体への影響は考えられない程度のものであり、結論として原因はまったく不明といわざるを得ない」と発言したのです。つまり、前回の答弁を取り消したわけです。

この問題には後日談があります。二〇〇一年八月六日の「朝日新聞」記事によれば、朝日の記者が伊原元原子力局次長に、このアメリカ政府解禁秘密文書を示して取材すると、一九七四年の国会における〝三日後の前言取り消し〟に関して、「米政府の意向が外務省を通じて伝えられ、訂正した」との経過を明らかにしました。

そして、当時問題にされた答弁をめぐっても、「コバルト60は人工的につくられる核種だ。沖縄に原子力施設はなく、疑わしきは米原潜というのが常識的判断。その考えは今も変わらない」と語っています。

事前協議制度を完全に崩壊させた空母の母港化

このように原潜の寄港は核持ち込み・原子炉の安全性・放射能洩れに関してノーチェックのまま常態化してゆきました。その延長線上に、核兵器を積んだ空母の日本母港化が実現するこ

とになります。

沖縄の施政権が返還された一九七二年、アメリカ政府は横須賀基地を米海軍第七艦隊の空母ミッドウェーの母港にすることを日本政府に申し入れました。ただ実際には、前年の七一年初めから水面下で、日米両政府間の交渉が進められていたのです。

空母母港化について、アメリカ側が公式に日本側に申し入れる以前、アメリカ政府内のやりとりでは、国務省は核兵器を積んだ空母が常時、横須賀を母港にすることへの危惧を表明していました。日本の反核世論・運動を強く警戒していたからです。そこで、横須賀を母港とする空母からは核兵器を下ろすことを国防総省に提案しました。

しかしレアード国防長官は、一九七二年六月一七日付けのロジャーズ国務長官あて書簡で、六〇年の日米核密約を再確認した六三年の大平・ライシャワー会談の解釈に、「その後のどの日本政府も異議をとなえていない」と確言し、そうした心配はいらないと回答しました。

つまり核密約があるから、空母に積んだ核兵器を横須賀に持ち込むことに問題はないというわけです。**結局、アメリカ政府は空母母港化の案件に関しても核密約で対処する方針を貫き、日本政府もこれになんら異議をとなえませんでした。**

ただ、空母の母港化には、核を積んだ艦船の一時寄港（トランジット）を事前協議の対象外とした核密約だけでは対応しきれない、別の問題が存在していました。それは、事前協議制度について唯一公開された取り決めである「岸・ハーター交換公文」が、「合衆国軍隊の日本国への配置における重要な変更」は、事前協議の対象とすると規定していたからでした。

空母が横須賀を母港にすると、同港はその空母の定繋港（ていけいこう）（船舶が主として繋留する港）になるわけですから、当然、「配置における重要な変更」に当たります。これにどう対処するかという問題が生じるのは避けられません。

結局、日米両政府はひそかに話し合いをおこない、「ミッドウェーの母港化問題は、イントロダクション（核の貯蔵や配置）とトランジット（寄港や通過）の区別の例外」とすることで問題を処理しました。[*4]

つまり、実際には核兵器の本格配備（イントロダクション）に当てはまる行為だが、事前協議なしにこれを認めることにすると、日米両政府が密談して決めたわけです。この経過については、関連のアメリカ政府解禁秘密文書を調査した梅林宏道著『在日米軍』（岩波新書）が詳しく解説しています。一九七二年八月三一日、ハワイでの日米外相会談で、この問題についての密談が交わされたのですが、そのときの日本側代表は、またしても大平正芳（田中内閣の外相）でした。[*5]

私が調査した一連のアメリカ政府解禁秘密文書によると、日本政府代表がアメリカ側にたった一つ要求を出しています。それは、「母港化」という言葉を使ってくれるな、たとえアメリカ国内での英語による発表や公式説明であっても「母港化」は困る、「長期配備」も困る、というものでした。下手な言葉づかいをしたら、事前協議制度を踏みにじっていることがばれてしまうと日本政府は恐れたのです。

日本側が結論的にアメリカ側にぜひこれを使ってほしいと要求した用語は、「乗組員家族の海外居住計画」でした。駐日アメリカ大使館発の秘密電報に、この言葉が日本語の発音そのままのローマ字で書き添えられています。

ＮＨＫなど一部報道機関が、空母の横須賀母港を指して「いわゆる母港化」と言い表したのは、政府が事前協議を回避するために、母港化を「母港化でない」と言ってきたこととの受け売りにすぎません。

こうして、事前協議制度は日米両政府によって投げ捨てられ、完全な虚偽の取り決めとなったのです。

核戦争基地となった三沢基地

一九六〇年代はじめの三沢基地における核戦争基地化の問題は、青森県の地方紙「東奥日報」の斉藤光政記者が追及しています。三沢基地関連の米空軍解禁秘密文書を解析するとともに、アメリカ各地に元三沢基地勤務の米軍人らを訪ね歩いてインタビューし、当時の同基地の実情を生々しく再構成して注目されました。同記者の長期連載から、そのハイライトを紹介しましょう。

三沢基地の米空軍第三九航空師団史は、一九六一年一月〜六月の項で、当時のソ連を主要仮想敵国とする核攻撃作戦についてのべています。それは「緊急戦争計画」(ＥＷＰ＝Emergency War Plan)というもので、三沢基地第三九航空師団の任務に位置づけられていました。

「師団史は三沢基地司令官の権限として以下の四項目を列記する。当然のように並ぶ『核兵器搭載』の一言が、三沢の性格のすべてを物語っている。

1　核搭載が可能な部隊のアラート着手
2　核搭載が可能な機体への核兵器搭載
3　核搭載が可能な攻撃機の避難
4　世界大戦が発生した場合、事前計画された核攻撃の着手（略）」[*6]

このような核出撃任務に備えて、三沢基地駐留の戦闘機部隊は、同基地から近い天ヶ森（あまがもり）射爆場で実戦さながらの核爆弾投下訓練をくりかえしていました。この核爆撃の仕方は、新旧さまざまでしたが、共通した特徴は超低空飛行での接近、そして爆弾投下後の超低空飛行での離脱でした。

斉藤記者がアメリカでインタビューした元三沢基地勤務のパイロットによれば、三沢基地↓天ヶ森射爆場の核爆弾投下演習飛行における指定高度は、わずか一〇〇フィート（三〇メートル）でした。さらに投下時には、地上五〇フィート（一五メートル）まで降下することが求められました。

そのような極限状況を強いられていたため、数多くの事故が発生しました。一九六一年九月から六三年八月までの二年間に、F100機六機が問題の飛行ルートの近くで墜落しています。さらに、同記者がインタビューした元米軍人の証言によると、一九六〇年二月から六二年一一月の一年一〇カ月の間に、三沢基地で一一人ものパイロットが死んでいます。[*7]

こうして核爆弾投下作戦に向け、腕を磨いた核攻撃機部隊は、有事にはただちに核攻撃に出撃できる態勢をとっていました。「デフコン2」[※]というアラート態勢が発令されると、核弾頭抜きの核爆弾を積んだ核出撃機が待機態勢をとり、核コンポーネントが沖縄の基地から到着次第、核爆弾の本体に装着されることになっていたのです。その作業をおこなう場所は、三沢基地内のTOF（戦域作戦施設）と呼ばれる場所でした。[*8]

※　デフコンとは、米軍の発進即応態勢のことで、五つのレベルからなっている。平時は「デフコン5」。「デフコン2」とは、攻撃作戦展開中の「デフコン1」に準ずる、高度の即応態勢を意味する。デフコンは“defense readiness condition”の略。

沖縄・伊江島での米軍機の核爆弾投下訓練

米軍機による核爆弾投下の訓練は、沖縄の伊江島射爆撃場でもおこなわれていました。それは三沢基地でのケースと同じように超低空飛行しながらの投下方式でした。その訓練を写真撮影し、事実を明らかにしたのは、日本共産党沖縄県委員会の大城朝助氏です。

沖縄の施政権返還後の一九七五年一一月一六日午後五時すぎ、当時、基地監視活動をしていた大城氏は、嘉手納基地の第一八戦術戦闘航空団所属のF4ファントム戦闘爆撃機が、B43核爆弾と同寸・同形・同重量の核模擬爆弾BDU8Bを、伊江島射爆撃場の上空で投下した瞬間を、連続的にカメラに収め、模擬弾の減速用パラシュートが開く状況などの撮影に成功しました。私が知るかぎり、日本での核爆弾投下訓練の決定的瞬間を撮った写真で公表されたものは、

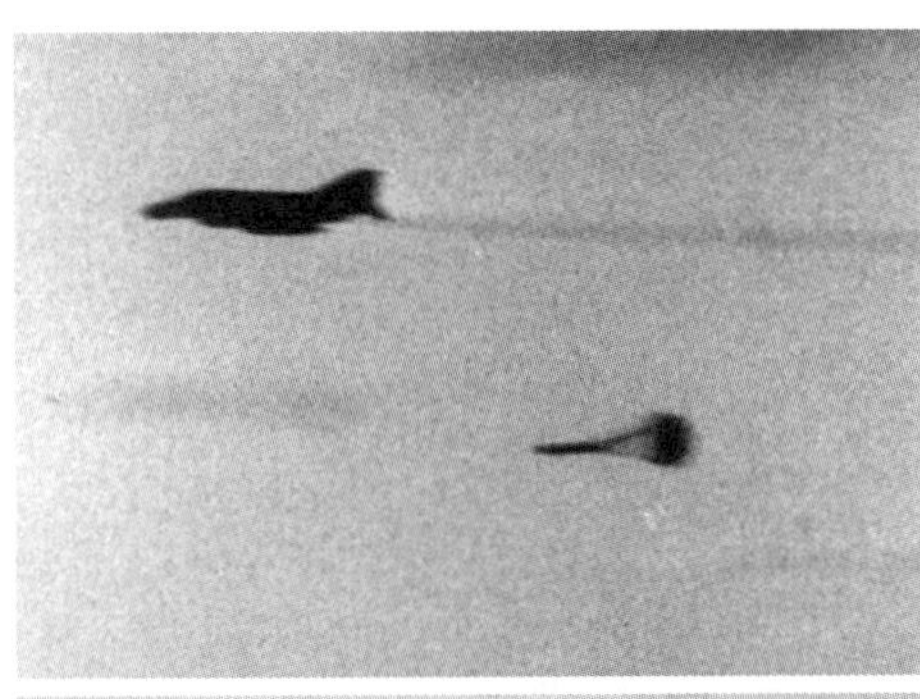

㊤沖縄・伊江島上空で核模擬爆弾を投下するＦ４ファントム
㊦標的（後方の三角錐）めがけて投下された核模擬爆弾（大城朝助氏撮影＝新聞あかはた）

ほかにありません。

　この写真が撮影された日は、日曜日の夕刻であったにもかかわらず、Ｆ4ファントム戦闘爆撃機がつぎつぎと伊江島射爆撃場の上空に「低空爆撃態勢」で飛来し、午後五時から一五分間にわたり、計六個の核模擬爆弾を投下していったといいます。

　沖縄の施政権返還後、これほど激しい核爆弾投下訓練はかつてありませんでした。それは、当時のアメリカのフォード大統領政権が朝鮮半島での核先制攻撃の用意があると、くりかえし発言していたさなかのできごとでした。

　伊江島での核爆弾投下訓練は、一九七二年の沖縄の施政権返還以前からくりかえされていました。施政権返還後はこうした訓練が禁じられるのかどうか。不破哲三衆院議員（共産党）が沖縄復帰二ヵ月前の七二年三月七日の衆院予算委員会で、佐藤首相と福田外相を相手に質問しました。

最初、福田外相は言葉を濁しました。しかし、不破議員は食い下がり、核兵器の使用を想定した訓練が、「核抜き」の沖縄返還後も許されていいのかと、追及します。とうとう福田外相は折れて、「核ということになると日本人はアレルギーを持っているので、厳重に申し入れをする」と答弁しました。

不破議員は追い討ちをかけ、首相の見解を求めます。佐藤首相が「いま福田君の言ったのと同じ考えだ」と答えると、さらに「もしアメリカ側が〔日本側の〕申し入れを受け入れなかったらどうするか」と迫りました。佐藤首相は再び答弁に立ち、「米国とは互いに信頼しあうのだから、日本の要望は十分聞いてもらえると思う。〔聞いてもらえなかったらというのは〕杞憂だと思う」とのべました。

核爆弾投下訓練を容認した日本政府

その二日後、外務省はこの問題に関して東京のアメリカ大使館に申し入れをしました。これに関するアメリカ大使館発、ワシントン・国務省宛ての秘密電報（一九七二年三月一三日付け）は、日本側の申し入れに対し、駐日アメリカ公使が非公式回答として、「核装置〔本物の核爆弾を指す〕が使われていない模擬弾の核訓練にまで非核原則を拡大するのは危険である」と外務省に伝えたと記録しています。

それから一ヵ月後の四月一三日、ロジャーズ国務長官名でワシントンからの正式回答が東京のアメリカ大使館に伝えられました。「東京・大使館が〔外務省に対して〕おこなった非公式回答を全面的に承認する」というものです。**つまり、核爆弾の投下訓練は安保条約下で何の問題もなく実施できるという、アメリカ政府の公式見解を示したわけです。**

このとき以降の国会での関連の政府答弁を調べると、一九七二年三月七日の不破議員への福田外相と佐藤首相による答弁内容が、その後一八〇度変わって、アメリカ政府の内々の回答どおりに改変されていたことが確認できました。

たとえば、佐藤首相は一九七二年五月四日の衆院外務委員会で、

「米軍の訓練にいちいちとやかく言うわけにはいかない」

「あらゆる訓練をするのは米軍として当然の権利だ」

「日本には核の攻撃部隊はいない。投下訓練といっても積極的攻撃の訓練ではない」

などと断言し、手のひらを返した答弁を展開しています。

一九七四年七月、伊江島では沖縄復帰後初の核爆弾投下訓練がおこなわれました。日本政府の国会答弁も、手のひらを返した佐藤首相の答弁と同じように、安保条約を持ち出したうえで、核爆弾投下訓練をあらためて肯定してみせました。

同年一〇月一日、米太平洋空軍は日本と韓国に駐留する米空軍の核攻撃態勢をひそかに再編しました。アメリカ核戦略の最高指示文書である極秘の「戦略核戦争計画」（SIOP）にもとづいて、嘉手納基地の第一八戦術戦闘航空団の核任務が従来より強化されました。それは、七四年度の米太平洋軍史である「米太平洋軍司令官コマンド・ヒストリー」に明記されています。

この嘉手納基地の第一八戦術戦闘航空団こそ、伊江島で核爆弾投下訓練をくりかえしてきた部隊なのです。したがって、その訓練はまさに極秘の「核戦争計画」の一環として実施されていたものだと考えられます。

さらに、翌七五年二月初旬の嘉手納基地第四〇〇弾薬整備中隊の「週間整備計画書」（内部文書）には、嘉手納弾薬庫にB61核爆弾が「改良保全」のため持ち込まれたとの注目すべき記述がありました。日本共産党国会議員団が一九八一年五月にその内部文書のコピーを公表し、追及しました。

アメリカ側の解釈まかせの核密約の運用

このように事前協議制度が導入されたあとの、原潜や空母などによる核持ち込み、岩国・横田・三沢・嘉手納・伊江島など各基地での核出撃訓練や核爆弾投下訓練も含む核使用態勢が構築された事実は、何を物語っているのでしょうか。**それはまさに在日米軍基地が核戦争基地としての機能と態勢を保持しつづけることを、日米安保条約と核密約が許可したことの証明にほかなりません。**

平時は、核コンポーネント（核物質を含んだ爆弾の構成部分）**だけは外されたことが多かったのですが、それさえしばしば秘密のうちに持ち込まれていました。**こうした現実をもたらした直接の要因としては、核密約の曖昧で柔軟な規定と、それを利用した米軍の行動、ならびにいっさい事実を確かめようとしない日本政府の態度があげられます。

核密約の曖昧で柔軟な規定というのは、こうです。前述の核密約の文書「討論記録」は、二本柱の内容からなっています。日本への本格的・長期的な核兵器の配備（イントロダクション）は事前協議の対象とする、しかし、艦船や航空機に積まれた核兵器の出入り（トランジット）は事前協議の対象にしない——というものです。

ところが、核密約では、事前協議の要らないトランジットと、事前協議の対象とされるイントロダクションについて、確たる定義もなければ、その境界線も規定されていません。アメリカ政府の解禁秘密文書を見ても、それらの区別と定義を日米両政府が交渉した形跡は見当たりません。

だから、**核兵器のトランジットという行為の概念規定が存在しない以上、その解釈はトランジットという行為をおこなうアメリカ側の一方的、恣意的な判断にゆだねられてしまうわけです。**

トランジットという口実のつく核兵器の存在形態でありさえすれば、事前協議なしでアメリカ側の一方的判断で自由にやれる仕組みが、このようにしてできたのです。それをより厳密に制約したり、米軍のトランジットを規制する判断の手続きも規制手段も、なんら決められていないのです。

横須賀・佐世保での核兵器の陸揚げ疑惑

そもそも、日本への核持ち込みにおいて、イントロダクション（長期本格貯蔵）とトランジット（核積載艦船などの立ち寄り）を意図的に区別し、前者だけを事前協議の対象にし、後者は米軍の自由な行動の範囲内だとして事前協議の対象からはずさせたのは、アメリカ政府でした。アメリカ政府は一九五三年以来、一貫して日本政府に対し、日本国内での核兵器の長期本格貯蔵を迫ってきました。しかし、日本国民の強い世論にはばまれて事実上できなかったのです。そのため、長期本格貯蔵は将来的に実現させるべき課題として位置づけながら、さしあたり一時的な核兵器のトランジットの自由を、事前協議の対象とせず制約なしにおこなえる「特権」として確保する方針を立てたのです。そして安保改定交渉にのぞみ、核密約によってその目的を達しました。

そのため核密約では、トランジットの概念をあえて定義しなかったわけです。それをいいことに、核兵器のトランジットの範囲内と言い抜けられるあらゆる拡大解釈をおこないつつ、さまざまの形態での核持ち込みをしてきました。

つまり、核密約が事前協議抜きの実行を保証した核兵器の一時持ち込み（トランジット）は、アメリカ側の都合でいくらでも拡大解釈できる「灰色の領域」（グレーゾーン）によっておおわれているのです。

その典型的な例として、核密約のもとでの核兵器の一時陸揚げ行為があります。

一九六三年、当時の米海軍第七艦隊のムーラー司令官が、横須賀や佐世保に寄港した核兵器積載空母の大規模修理などの際には、核兵器の一時陸揚げも当然だとする秘密電報を、太平洋艦隊司令官あてに送ったことがあります。

私はそのコピーをアメリカのケネディ大統領図書館で入手しました。それは、日本における原潜寄港反対の運動がいっそう発展して、日本政府が寄港を断った場合の第七艦隊による日本の港湾利用のあり方について検討したものでした（一九六三年三月二九日付け）。

そのなかでムーラー司令官は、「核を積んだ空母やその他の艦船は、長期本格補修や大規模緊急修理の目的のための佐世保と横須賀への寄港だけが計画される」ことになるだろうとしたうえで、空母の日本寄港の縮小を検討中であるとのべています。しかし、縮小したとしても、長期本格補修などを目的とした核積載艦船の佐世保、横須賀への寄港時には、「荷下ろしがもちろん必要になるだろう」と判断しています。

そうした大規模修理や本格補修では、「荷下ろし」すなわち核兵器を含む弾薬を陸揚げすることは珍しいことではありません。そして米軍は、それも核密約が許容する核積載艦船の一時立ち寄り（トランジット）の範囲内とみなしてきたのです。

実際に、横須賀や佐世保では、長らく核兵器陸揚げの疑惑が持たれてきています。

全面占領下にあった沖縄の核戦争基地化

日本本土から分断され、アメリカの全面軍事占領下におかれつづけた沖縄と小笠原では、アメリカの一方的な意思で自由に使える核戦争基地が構築されていました。どちらも住民の抵抗は大きかったのですが、沖縄では徹底した住民弾圧と言論統制でおさえ込みました。小笠原ではアメリカが、帰島を求める住民の要求を拒みつづけたために、多数の住民は自分のふるさとに帰ることさえできませんでした。

アメリカの民間団体が入手したアメリカ政府解禁秘密文書「一九四五年から七七年までの核兵器配備略史」の、核兵器海外配備（陸上常時配備）リストによると、国・地域別に配備された核兵器の種類の多さでは、沖縄は世界のトップでした。かつての西ドイツと並んで最多で、一九種類に達していました。[*9]

同文書によると、沖縄に最も早くから配備されたのが核爆弾で一九五四年からとあります。また、三、四人で操作できる地上発射小型核ミサイル「デイビー・クロケット」もあったといいます。海兵隊は八インチ榴弾砲、一五五ミリ榴弾砲の二種類の核砲弾を持ち込んでいました。これらの核砲弾は沖縄復帰直後一九七二年六月まで沖縄にあったとされています。核砲弾の核爆発力は五～一〇キロトンで、小型ながら爆発力は広島原爆の半分前後。凄まじい破壊力を持つ大量殺戮兵器であることに変わりはありません。

メースBの発射（米空軍）

沖縄の核戦争基地は、全アジア的規模での核戦略の要として機能していました。その典型的な例の一つは、膨大な核兵器貯蔵庫を有する米空軍弾薬部隊でしょう。同部隊は、嘉手納基地の北側に隣接する広大な丘陵地帯に、五万トン分の弾薬貯蔵施設を保持しています。米空軍第四〇〇弾薬整備中隊（戦域、400MMS）**が、それです。**

アジア最大の嘉手納基地には一九五三年九月、米戦略空軍部隊に直属する核兵器管理・組み立て・積み込み専門の部隊として、第一二航空補給中隊が配備されました。これとは別に、嘉手納弾薬庫区域に核爆弾の管理を中心に核・非核双方の爆弾・弾薬の管理任務を帯びてやってきたのが、第四〇〇弾薬整備中隊の前身の「第三戦闘支援中隊」で、一九五四年のことでした。

同中隊は、一九五四年末からは「第七戦術補給中隊」と名のり、さらに六三年に「第四〇〇弾薬整備中隊」に変わり、沖縄施政権返却後に転出しました。この弾薬部隊の特異さは、アジア全域での核兵器活動を支援する任務を帯びていたことでした。

メースB基地建設での小坂外相の「対米要求」

沖縄における核戦争基地の構築を、本土の自民党政権はつねに卑屈な態度で容認してきました。いや、容認などという生やさしい言葉では表現しきれない、恥ずかしいかぎりの一方的な協力ぶりだったのです。

その典型的な例として、一九六一年に沖縄本島の四カ所に建設された地対地中距離核ミサイル「メースB」発射基地の問題に関する小坂外相の「対米要求」をとりあげてみましょう。

一九六〇年代初頭、大きな抗議の世論を巻き起こした沖縄への核持ち込みに、このメースB核ミサイルがありました。発射基地は読谷、勝連、金武、恩納の四カ所につくられました。ど

の基地でも八個の大きなミサイル発射口が、地下から急坂を上りつめた恰好で不気味な口を開いていました。

これら四つの基地では四六時中、米軍MP（憲兵）が特別厳重な監視体制をとっていました。発射口はすべて北西方向、すなわち中国大陸に向いており、射程二四〇〇キロの核ミサイルなので、優に北京にまで届くものでした。その核爆発力は一・一メガトン以上。広島原爆の七〇倍以上に相当する水爆が、ミサイルの核弾頭となっていました。

小坂外相の「対米要求」とは、メースB核ミサイル発射基地建設について、来日中のラスク国務長官にある注文をつけたことを指します。アメリカ政府の解禁秘密文書は、一九六一年一一月四日に箱根観光ホテルでおこなわれた小坂外相とラスク長官とのやりとりを克明に記録しています。

小坂外相は自分の方からメースB基地問題を切り出しました。

「外務大臣は、メース〔B〕ミサイルや類似の装備の沖縄への持ち込みの事前発表によって、日本国内にいつも非常に強烈な反響が引き起こされており、その結果、政府は国会での追及等々に答えることを余儀なくされている。沖縄の立法院もかかわりを持たされている。〔今後は〕このような装備を持ち込む時は、もし本当に可能なら、もっと静かに沖縄に導入してもらえないものだろうかと、外相は要請した」

これは、アメリカ議会下院の沖縄へのメースB配備計画の承認や沖縄駐留米空軍の発表に対し、沖縄の立法院が一九六〇年五月と六一年三月に反対決議をおこなったことや、国会で野党が追及したことを指しています。

沖縄県民を裏切る自民党政権の核ミサイル容認

小坂外相のアメリカ政府に対する要求は、事前発表をされると沖縄と本土の双方で国民的追及を受けるので、「静かにやってほしい」というものでした。同席していたライシャワー駐日大使がこれに答えて、

「アメリカとしてはそうした行動をできるだけ慎重に運ぶことにしたいが、ミサイルを隠そうとするのは、アメリカが秘密主義をとっていると思わせることにもなりかねない」

と指摘しました。

いくら核持ち込みで秘密主義をとっている国とはいえ、本来の民主主義のあり方は、国家が国民に対して秘密をつくることを戒めていることは、常識として定着しているからです。

これに対し、小坂外相は再びこのようにのべました。**もし核兵器の持ち込みを実行したあと**

に発表してくれれば――つまり既成事実として発表すれば――、**「日本政府としては、もはやできることは何もないという立場を取りやすくなる」**

「事前発表をされたら、日本政府は提案されている措置を阻止するために何か可能なことをすべきだという印象をつくりだす」

とにかく事を荒立てるようなことはしないでほしい、と念を押したわけです。

やりとりを聞いていたラスク国務長官は、ワシントンに帰り次第この問題についてアメリカ政府部内に説明する機会をつくりたいと応じて、手を打ちました。

つまり日本政府としては、核持ち込みをアメリカ側が黙ってやってくれさえすればいい、というわけです。英語で「レス・セッド・ザ・ベター」Less said the better（口に出すことが少なければ少ないほどよい）と訳された小坂外相の発言は、その後、アメリカ国務省首脳の間ですっかり有名になりました。解禁秘密文書にくりかえしその言葉が顔を出しています。

小坂外相の発言がいかに沖縄におけるアメリカの核戦争基地づくりを「勇気」づけ、たんなる協力以上の「励まし」を与えたか。そしていかに自民党政権が、平和のうちに生きたいという沖縄県民の切実な気持ちを裏切って、県民を見捨てたか。**おそらくアメリカ側は日本側の対応に内心驚きながらも、満足げに受けとめていたであろう様子が、解禁秘密文書の行間から浮かんできます。**

小笠原返還の裏側で結ばれた核密約

東京都の一部でありながら、一九六八年までアメリカの全面軍事統治下におかれた小笠原でも、アメリカ軍の全権のもとで核戦争基地化が進められました。

小笠原の父島（ちちじま）には、一九五六年二月に核コンポーネント付きの完成核兵器が初めて持ち込まれました。それは、潜水艦から発射するレギュラス・ミサイル用の核弾頭でした。一方、硫黄島の米空軍中央飛行場にも核兵器が持ち込まれました。

元小笠原住民は戦後、速やかな帰島をのぞんでいました。しかし、欧米系の元島民以外は帰島が許されませんでした。アメリカ政府の解禁秘密文書によると、その理由は、もっぱら小笠原の核兵器基地をはじめとする軍事基地の秘密保全にありました。

小笠原の施政権返還は、一九六七年の佐藤首相とジョンソン大統領の会談で約束されました。翌六八年六月二六日に小笠原の復帰は実現します。長い間の元島民の帰島要求がついに実を結んだのでした。

アメリカ政府の関心は、沖縄と同じように、アメリカの軍事的な全面統治のもとで核持ち込

み基地として利用してきた軍事的特権を、復帰後の小笠原でいかに続けるかにありました。小笠原施政権返還のための日米両政府間の小笠原返還協定の調印は、一九六八年四月五日におこなわれましたが、この日それに先立って、核密約がひそかに交わされていたのです。

この「小笠原核密約」の交渉のいきさつや内容は、調印の二週間前の一九六八年三月二一日にアレクシス・ジョンソン駐日大使がラスク国務長官にあてた極秘電報にくわしくのべられています。電報には、両国間の密約案も付けられています。すでに三木外相の了解を得た案であると書かれており、おそらく最終的なものにちがいありません。

「小笠原核密約」の名称は、ジョンソン大使と三木外相の「会話記録」（レコード・オブ・カンバセーション）と呼ばれています。安保改定に伴う一九六〇年の核密約が「討論記録」（レコード・オブ・ディスカッション）と呼ばれたのに似ています。

小笠原の返還にあたっては、この核密約のほかに、自衛隊の小笠原とその周辺地域での任務をめぐる密約などいくつかの秘密取り決めが結ばれていますが、すべて公表されていません。小笠原とその周辺の広大な空域・海域の軍事的価値は、一般の想像以上に大きく、米軍の西太平洋戦略にとって小笠原が持つ意味を、アメリカ政府はきわめて重視しているのです。

有事の核貯蔵を保証した「小笠原核密約」

「小笠原核密約」が交わされた事実は、一九六九年一月に、ジョンソン政権からニクソン新政権への引き継ぎのためにつくられた「ジョンソン政権下の国務省」と題する内部文書の日本関係部分に明記されています。

密約は、日本への返還後の小笠原におけるアメリカの「有事核貯蔵」を保証しています。それは「有事」における小笠原での核兵器の本格的配備（イントロダクション）を認めたものなのです。

最終版とみられる密約案によれば、アメリカ側はジョンソン大使の発言として、有事に小笠原諸島、硫黄島列島で「核兵器の貯蔵が必要となる場合には、アメリカ政府は日本政府にこの問題を持ち出す」が、その場合、「日本を含むこの地域の死活的な安全保障上の利益にとって必要不可欠でない限り、このような要請はなされないものであるから、日本政府から好意的な反応がなされることを期待するであろう」とのべています。

これに対し日本側は、密約のなかで、「在日米軍の装備の重要な変更は、有事にのぞんでの場合も含め、日米安保条約第六条の遂行に関する一九六〇年一月一九日の交換公文にのっとった日本政府との事前協議の主題である」とし、指摘された事態は「まさに事前協議の主題であり、現時点で唯一言えることは、そのような状況下で日本政府は事前協議に入るであろうということである」とくりかえしています。

それは、アメリカ側の言い分を否定せず、その暗黙の容認のうえに立って形式論を言っているだけです。つまり、アメリカの期待を拒否する意思がないことを、積極的に示唆していると読める構造になっています。

これは、「核兵器貯蔵の要求をアメリカが持ち出す以上は、日本を含むこの地域の死活的な安全保障上の利益にとって必要不可欠でないかぎり、このような要請はなされないものであるから」、イエスという回答を期待するというアメリカ政府の立場を、日本側が黙認したものです。事前協議制度がありますよという形式論は、ばれた場合のアリバイ証明以上のものとはみられません。

それは、事前協議を公然とは否定していないというだけで、あらかじめ日本側がアメリカ側に対し非常事態下のアメリカの核兵器配備の「特権」を認めた白紙委任状にかぎりなく近いのです。

実際、「小笠原核密約」が交わされた一九六八年四月五日から約四カ月後の、米陸軍省の内部文書（一九六八年八月二六日付け）で、シェナ陸軍副次官（国際政治問題担当）が、この密約の意味を明確に指摘しています。

この「シェナ文書」の主な目的は、沖縄の施政権返還にそなえて、その先例としての小笠原の核密約を研究することにありました。シェナは小笠原核密約の中心的内容を説明しながら、これは「危機の際、核作戦のために小笠原を使わなければならないとしたら、日本が理解することを期待する」内容の取り決めであったとのべています。

そして、この密約がかわされた結果、日本側は、「危機の際にあらためて〔アメリカ側に〕核貯蔵への同意を与えなくてもすむようになった」と言い切っています。つまり、日本政府は小笠原核密約によって、事前に「有事」の核兵器配備を一括承認してしまったと断じているのです。[*10]

これがおそらく、小笠原核密約についてのアメリカ側の公式解釈でしょう。そう解釈されるようなルーズな密約を結んだということにほかなりません。

沖縄施政権返還と「沖縄核密約」

小笠原返還の翌年、一九六九年には、佐藤首相とニクソン大統領の間で施政権返還後の沖縄に関する核密約が結ばれました。これは、キッシンジャー元大統領補佐官の回顧録以来、ひろく知られるようになったことです。

そして、佐藤首相の依頼により水面下での沖縄施政権返還の交渉に、首相の密使として関わった政治学者若泉敬氏（当時、京都産業大教授）が、自著『他策ナカリシヲ信ゼムト欲ス』（文藝春秋、一九九四年）で、密使としての「沖縄核密約」づくりを回顧しています。

あの一九六九年一一月の佐藤首相とニクソン大統領との密談を私も追跡しましたが、あれは佐藤首相と周辺にとってさえ、事前の想定を大幅に逸脱したものだったというのが真相だといわなければなりません。

佐藤内閣は、沖縄施政権返還の交渉にあたって、当初、「核基地つき返還」を公然と打ち出して、国民の反応を探りました。つまり、沖縄を返してもらうのなら、返還後の沖縄での米軍による核兵器の貯蔵権を国民が認めるべきだと、国民におしつけようとしたのです。

このため、佐藤首相は国会答弁などで、国民に対し「核アレルギー」から脱却するようくりかえし呼びかけました。また、「いわゆる非核三原則は基本的な立場であり悲壮な決意である。しかしただちに沖縄が返ってきてそれを実施するのは望ましいが、沖縄基地がはたしているのはそう生やさしいものではない。一つの前提を決めて取り組めば沖縄復帰は非常に困難な状態になるかもしれない」と答弁しました（一九六八年二月二六日、衆院予算委員会）。

三木外相も、「沖縄の基地のあり方も、核の問題を避けずに、これも含めて、論じてみたらいい」（「朝日新聞」一九六七年一一月二七日付け）と提案しました。木村俊夫官房長官は、「核つき返還でいいと日本が言うなら、米国は来年にも沖縄を返すと言ってくるかもしれない」とさえ発言しました（一九六七年一二月五日、記者会見）。

つまり自民党政権は、沖縄施政権返還という、ほかならぬ国民と沖縄県民が求めてきた主権回復の悲願を実現するのと引き替えに、アメリカが日本国内で長らくその実現を追求してきた核兵器の本格的配備の「特権」を、こともあろうに国民に認めるよう「説得」につとめていたわけです。

しかし、国民はこれを拒否しました。「朝日新聞」一九六七年一〇月一七日付け世論調査で、「核兵器つき返還」構想に賛成と回答したのは、全国でわずか一五パーセントに過ぎず、沖縄では九パーセントにとどまりました。「東京新聞」同年一一月六日付け世論調査にいたっては、「核つき自由使用」返還構想にはわずか二・七パーセントの回答者が「支持」を表明しただけでした。

沖縄への有事の核再配備を認めた密約

一方、アメリカ政府はこの状況の推移を注視していました。やがて核兵器の本格的配備を続けたままの沖縄返還は日本国民から受け入れられないことを理解したため、国家安全保障会議の一九六九年四月三〇日付け「対日政策覚書」で、「緊急時に核兵器を持ち込む権利」を採用する方向に切りかえたのです。

佐藤栄作（1901-1975）
（内閣官房広報室）

リチャード・ニクソン
（1913-1994）
（米国防総省）

ヘンリー・キッシンジャー
（1923-）（米議会図書館）

これが結局、アメリカ政府の最終選択となりました。そして、密使の若泉とキッシンジャーとの間のやりとりを経て、一九六九年一一月一九日（日本時間では二〇日）に佐藤・ニクソン両首脳が密約を取り交わしたのです。

このとき佐藤首相とニクソン大統領はワシントンのホワイトハウスでの首脳会談のさなか、二人だけで別室の小部屋に入り、施政権返還後の沖縄への核持ち込みに関する秘密の「合意議事録」に署名しました。それが「沖縄核密約」です。

この密約は、沖縄返還後も、米軍は有事の際に沖縄に核兵器を再び持ち込んで配備できるというものです。さらに、核兵器を積んだ航空機と艦船の通過（トランジット）の「特権」も、あらためて保証しています。

「必ずしも密約とは言えない」と、理屈にならない言い訳をする外務省と有識者委員会

「沖縄核密約」の文書はその後、二〇〇九年末、佐藤首相の親族宅から実物が見つかりました。しかし、外務省による日米密約調査の一翼をになう有識者委員会報告書（二〇一〇年三月）は、「必ずしも密約とは言えない」と決めつけ、密約としての認定を拒みました。

その理由を報告書はこうのべています。問題の文書は沖縄の一九七二年返還を約束した六九年一一月二一日の共同声明より「踏みこんだ内容」だが、それを「大きく超える負担を約束

したものとはいえず」、それゆえ「必ずしも密約とは言えない」と。なんとも理解に苦しむ結論です。

はたして佐藤・ニクソン間の「沖縄核密約」は、「密約」ではなかったのでしょうか。秘密裏に結ばれた条約・協定であっても、条約締結権を持つ総理大臣や外相が結んだ密約であれば、公開された条約と同じく有効であり、締約国を拘束する。これが、国際法の原則です。かつて真田秀夫法制局長官は国会で「理論的見解」としながら、「国の締結権限者が結んだ取り決めは公表されていないものであっても、廃棄しないかぎり効力が続く」と答弁しました（一九七八年三月一四日、参院予算委員会）。

沖縄返還後の沖縄の米軍基地を実態面から見ても、「ニュクリア・インフラストラクチャー〔核兵器体制〕」は維持されたと見るのが、専門的知識に通じた人たちの常識です。米軍の内部資料によれば、核兵器体制とは、「核兵器の貯蔵から目標攻撃までの全手順」（ストックパイル・ツー・ターゲット・シークエンス）を確実に遂行する段取りのすべてを意味します（米海兵隊『艦隊海兵隊の核・化学・防御用生物作戦』）。

沖縄へのアメリカの核兵器再持ち込みについての重要な文書があります。ニクソン政権のレアード国防長官（一九六九～七三年）在任中の業績に関する米国防総省の公開史料です。かねて沖縄県民をはじめ国民からきびしい批判を浴びてきた佐藤栄作首相とニクソン米大統領が交わした沖縄核密約（一九六九年一一月）を初めて日米両国間の約束として公然と扱い、沖縄へのアメリカの核兵器再持ち込みを米国の「既得権」と印象づける表明をおこないました。[*11]
米国防総省によるこの表明は、きわめて重大な意味を持っており、沖縄県民をはじめ日本国民の非核・平和の意思を正面から踏みにじるものです。

国民に隠されてきた四つの核密約とその構造

こうして、一九六〇年以来、日本に対する米軍の核持ち込みの特権を保証するために、次の四つの核密約が結ばれたことが明らかになりました。それをまとめてみましょう。

1. 「日米核密約」
〈密約の形式〉　事前協議の方式に関する「討論記録」。
〈日付と調印者〉　一九六〇年一月六日、藤山外相とマッカーサー駐日大使が東京で調印。

2. 「第二の核密約」（「もう一つの秘密了解」）

〈密約の形式〉核兵器に関する、文章のかたちをとらない秘密了解。

〈日付と調印者〉安保改定に関連して、おそらく一九六〇年一月に結ばれたと思われるが、具体的な日付や形式、締結者は不明。

3.「小笠原核密約」

〈密約の形式〉小笠原施政権返還の際の「有事」の核兵器配備に関する「会話記録」。

〈日付と調印者〉一九六八年四月五日、三木外相とジョンソン駐日大使が東京で調印。

4.「沖縄核密約」

〈密約の形式〉沖縄施政権返還に関わる核持ち込み問題の「合意議事録」

〈日付と調印者〉一九六九年一一月二一日、佐藤首相とニクソン大統領がワシントンで調印。


こうして並べると、これらの核密約に共通する、ひとつの重大な問題点が浮かび上がってきます。

それは、有事の核兵器の本格配備（イントロダクション）をめぐる秘密合意の構造です。

一九六〇年の「日米核密約（討論記録）」は、事前協議の対象の定義を主な目的とし、核兵器の一時持ち込み（トランジット）をその対象としないことを確認した密約でした。その一方、そこでは核兵器の本格配備は事前協議の対象とすることが、はっきりと確認されています。それにも関わらず、安保改定時（おそらく一九六〇年）の「第二の核密約」、一九六八年の「小笠原核密約」、一九六九年の「沖縄核密約」と、その後、核兵器の本格配備についての密約が三度も結ばれているのです。

核兵器の本格配備のための密約

安保改定時の「第二の核密約（文章のかたちをとらないもう一つの秘密了解）」の具体的な内容を記載した解禁秘密文書は、まだ明らかになっていません。しかし、「小笠原核密約」と「沖縄核密約」については、解禁秘密文書などからすでに全容が判明しています。

それは、いずれも核兵器の本格配備が必要となる場合の事前協議を、柔軟に運用するという内容の密約です。たとえば「小笠原核密約」では、事前協議にかけるという文言はあるものの、実質は「核作戦のために小笠原を使わなければならないとしたら、日本が理解することを期待する」（「シェナ文書」）というものでした。そして、実質的に事前協議の省略さえも視野におさめていました。

「沖縄核密約」もそれとほぼ共通しています。若泉氏が明らかにした事実によれば、当初交渉相手のキッシンジャー大統領補佐官から手渡された密約の原案には、日本はアメリカが「緊急事態に際し、事前通告をもって核兵器を再び持ち込む権利」を認めると書かれていました。その後、「合意議事録」に書き直される過程で、アメリカ側（大統領）は「重大な緊急事態が生じた際」に「核兵器を沖縄に再び持ち込む」ことが必要になるだろうが、「そのような事前協議においては、米国政府は好意的回答を期待する」とのべ、これに対し日本側（首相）は、「前記の重大な緊急事態が生じた際における米国政府の必要を理解して、そのような事前協議がおこなわれた場合には、遅滞なくそれらの必要をみたすであろう」とのべるという形に変わりました。[*12]

この小笠原と沖縄の二つの核密約から逆に類推できるのは、安保改定時の「第二の核密約」も、「有事」における核兵器の本格配備に関する事前協議において、日本政府はアメリカ政府の判断を受け入れるという趣旨のものであったにちがいないということです。これ以外に、核について密約を結ぶ必要は存在しないからです。

一九六〇年の日米安保条約改定以来、アメリカ側の核兵器持ち込みの特権を保証するために交わされたこれら四つの密約を、持ち込みの三つの形態（立ち寄り、一時陸揚げ、本格配備）ごとに「平時」と「有事」で区分けすると、次の表のようになると考えられます。

	立ち寄り	一時陸揚げ	本格配備
平時	容認	容認	「事前協議」の対象
有事	容認	容認	事実上の容認

四つの核密約は、日米安保条約にもとづく日米核軍事同盟の核心を、実にわかりやすく表現する存在です。それは、〝広島・長崎を二度と地球上でくりかえすな〟と心から願う日本国民の圧倒的多数の意思にさからって、アメリカの核攻撃のための出撃拠点として日本を利用する仕組みが、現在も変わらず生きつづけていることを示しています。

資料　佐藤首相とニクソン大統領が結んだ「沖縄核密約」

①原案（日本語訳）

（1969年9月30日に、佐藤の密使としてアメリカに派遣された若泉敬・京都産業大学教授が、キッシンジャー特別補佐官から手渡されたもの）

極秘

返還後の核戦争の支援のための沖縄の使用に関する最小限の必要事項

1. 緊急事態に際し、事前通告をもって**核兵器をふたたび持ちこむこと、および通過させる権利**

2. 現存する**左記〔＝下記〕の核貯蔵地をいつでも使用できる状態に維持し、かつ緊急事態に際しては活用する**こと。

嘉手納（かでな）

辺野古（へのこ）

那覇（なは）空港基地

那覇空軍施設

および現存する3つのナイキ・ハーキュリーズ基地（＝アメリカ陸軍のミサイル基地）

極秘

②調印（サイン）された密約

（日本語訳）

一九六九年十一月二十一日発表のニクソン米合衆国大統領と佐藤日本国総理 大臣との間の共同声明についての合意議事録

米合衆国大統領

われわれが共同声明で述べたとおりて、米国政府の意図は、実際に沖縄の施 政権が日本に返還されるときまでに、沖縄からすべての核兵器を撤去すること である。そして、それ以降は、共同声明で述べたとおり、日米安全保障条約と 関連する諸取決めが沖縄に適用される。

しかしながら、日本を含む極東諸国の防衛のため米国が負っている国際的義 務を効果的に遂行するために、米国政府は、極めて重大な緊急事態が生じた際、日本政府との事前協議（A）を経て、核兵器の沖縄への再持ち込みと、沖縄を通 過させる権利を必要とするであろう。米国政府は、その場合に好意的な回答を 期待する (B)。米国政府は、沖縄に現存する核兵器貯蔵地である、嘉手納、那覇、辺野古、並びにナイキ・ハーキュリーズ基地を、何時でも使用できる状 態に維持しておき、極めて重大な緊急事態が生じた時には活用できるよう求める。

日本国総理大臣

日本国政府は、大統領が述べた前記の極めて重大な緊急事態の際の米国政府 の諸要件を理解して、かかる事前協議が行われた場合には、遅滞なくそれらの 要件を満たすであろう。

大統領と総理大臣は、この合意議事録を二通作成し、一通ずつ大統領官邸と総理大臣官邸にのみ保管し、かつ、米合衆国大統領と日本国総理大臣との間で のみ最高の機密のうち取り扱うべきものとする、ということに合意した。

一九六九年十一月十九日
ワシントンＤＣにて
Richard Nixon
Eisaku Sato

③原文（英語）

AGREED MINUTE TO JOINT COMMUNIQUE OF UNITED STATES PRESIDENT NIXON AND JAPANESE PRIME MINISTER SATO ISSUED ON NOVEMBER 21, 1969

United States President:

As stated in our Joint Communique, it is the intention of the United States Government to remove all the nuclear weapons from Okinawa by the time of actual reversion of the administrative rights to Japan; and thereafter the Treaty of Mutual Cooperation and Security and its related arrangements will apply to Okinawa, as described in the Joint Communique. However, in order to discharge effectively the international obligations assumed by the United States for the defense of countries in the Far East including Japan, in time of great emergency the United States Government will require the re-entry of nuclear weapons and transit rights in Okinawa with prior consultation (A) with the Government of Japan. The United States Government would anticipate a favorable response. (B) The United States Government also requires the standby retention and activation in time of great emergency of existing nuclear storage locations in Okinawa: Kadena, Naha, Henoko and Nike Hercules units.

Japanese Prime Minister:

The Government of Japan, appreciating the United States Government's requirements in time of great emergency stated above by the President will meet these requirements without delay when such prior consultation takes place. The President and the Prime Minister agreed that this Minute, in duplicate, be kept each only in the offices of the President and the Prime Minister and be treated between only the President of the United States and the Prime Minister of Japan.

Washington, D.C., November 19, 1969

Richard Nixon（直筆署名）

Eisaku Sato（直筆署名）

注

1 Foreign Relations of the United States,1961-1963 Vol.XXII Northeast Asia, p.690-691
2 不破哲三『日米核密約』（新日本出版社、二〇〇〇年）146－152頁
3 ライシャワー『ライシャワー大使日録』（講談社、一九九五年）223頁
4 アメリカ政府の元関係者談。「毎日新聞」一九八一年五月二一七日付）
5 梅林宏道『在日米軍』（岩波新書、二〇〇二年）。162－167頁
6 斉藤光政『米軍「秘密」基地ミサワ』（同時代社、二〇〇二年）39－40頁
7 同前。49－53頁
8 同前。69－73頁
9 『ブリティン・オブ・アトミック・サイエンティスツ』誌一九九九年一一月・一二月号
10 「資料集――米政府公文書で明らかになった小笠原諸島の日米核密約」（東京原水協、東京非核政府の会、東京平和委員会、安保破棄東京実行委員会、二〇〇〇年）12頁
11 Secretaries of Defense Historical Series. Vol.VII. MELVIN LAIRD and the Foundation of the Post-Vietnam Military. Historical Office, Office of the Secretary of Defense. 2015
12 若泉敬『他策ナカリシヲ信ゼムト欲ス』（文藝春秋、一九九四年）448頁

パート4

核兵器を持ち込ませない真の非核の日本へ

国立米空軍博物館に展示されているメースBミサイル（米空軍）

核持ち込みに対抗する非核三原則厳守の世論

これまで見てきたように、日本を米軍の核戦略拠点・核戦争基地として利用するアメリカの政策に、歴代の自民党政権は、表向きは「非核」を口にしながら、実際は追随と協力を重ねてきました。そして、四つの核密約によってその事実を隠そうとしてきたのです。

密約による隠蔽が必要だったのは、日本国民の「原水爆禁止」と「核使用反対・核持ち込み拒否」の世論と運動を、日米両政府が強く警戒していたからです。この根強い非核世論がアメリカの核兵器配備政策に対する歯止めにもなってきました。

しかし、**アメリカ政府は唯一の被爆国・日本を核戦争基地に変えるため、厳重な秘密政策をとりながら、核戦略と一体の日本国内への核持ち込みを執拗に追求してきました。それが「日本型核持ち込み方式」とも呼ぶべきやり方です。核兵器を積んだ米軍艦の常習的寄港によって「核の一時的な持ち込み」**（トランジット）**を慣習化して継続しながら、他方で、世論の抵抗をなんとか抑え込んで「核の常時配備」**（イントロダクション）**の実現をも追求するという、二段構えの方式です。**

一方、そのようなアメリカの巧妙な核持ち込みの手口を暴露し、告発するアメリカの元軍人も現れるようになりました。そして、その動きは日本での非核世論と運動のひろがりとも連動するかたちをとっていたのです。

たとえばベトナム戦争中の一九七二年春、フランスのパリ郊外におけるベトナム人民支援国際集会で、瀬長亀次郎・沖縄人民党委員長（当時）が日本共産党の沖縄での米軍核基地調査結果の一端を報告しましたが、それを聞いていた反戦米兵のハバード元米空軍機関士は、その直後に日本で開かれた日本原水協主催のビキニ・デー集会に参加しました。そして、「私は横田、三沢、嘉手納に核爆弾を運び込んだ」と自らの過去の体験を公表して、大きな反響を呼んだのです。

また一九七四年秋、ラロック元海軍提督（当時、国防情報センター所長）はアメリカ議会の原子力委員会の分科会（サイミントン座長）で、「私の経験から言って、核兵器を積める艦船は、いかなる船でも核兵器を積んでいる。日本など外国の港に寄港する際に降ろすことはしない」と証言しました。

その証言は、日本への核持ち込みの疑惑を決定的に裏づけるものとして、日本国民に大きな衝撃を与えました。そして、いかなるかたちでも核兵器を持ち込ませるなという動きが、ラロック証言への反応として、自治体関係者を含め国民のあいだにひろがったのです。

その重要な表れの一つが、「核兵器を積んだ艦艇の神戸港入港を一切拒否する」という、一九七五年三月一八日の神戸市議会の全会一致決議とそれにもとづく「非核神戸方式」です。

国務省内部文書が示すアメリカ政府の狼狽ぶり

こうした核を積んだ艦船の入港拒否の動きのひろがりは、トランジットという名の一時的核持ち込みによるひそかな核持ち込みを慣習化し、一九六〇年の「日米核密約」でそれを認めさせてきたアメリカ政府にとって、きわめて深刻な事態の到来を意味しました。一連のアメリカ政府解禁秘密文書が、この新しい状況に直面したアメリカ政府の狼狽ぶりを記録しています。

その代表的文書として、「非核神戸方式」実現の翌年、一九七六年一月一五日付けの国務省極秘文書を見てみましょう。これは、『日本の外交政策の動向』（ウィンストン・ロード国務省政策計画局長からインガソル国務副長官あて）と題する長文の報告書です。日本の外交問題を広範囲にわたり取り上げたなかで、核持ち込み問題――「核トランジット問題」――を特記しているものです。そこには、こう記されています。

「〔日本の〕安全保障の分野で、絶えず検討しつづけなければならない特別の問題が一つある。核のトランジット（一時持ち込み）問題である。これは、われわれの両国関係において最も破壊的な作用をする危険を秘めた問題である。

日本政府は現在、大衆向けには米国による核のトランジット、立ち寄りを知っていないとの態度をとっており、われわれがその承認を要請したとすれば、そうした立ち寄りの承認を断るであろう。したがって、現行のトランジットの慣行が裏付けを伴って公然と暴露されたら、次のような結果が確実にもたらされるであろう。

(1)　日本政府の崩壊
(2)　米日防衛関係に最も強く反対の立場をとる野党指導者らへの信頼の高まり
(3)　米日安全保障協力を擁護してきた日本の関係者らへの信頼のそれ相応の喪失
(4)　日本の基本的な価値基準を米国が尊重していないとする大衆の疑念

（略）

遺憾なことに、この問題を片づけるためのどの選択肢も望ましいとは思えないし、政治的に実現可能とは考えられない。日本国内の政治的傾向に照らせば、〔核兵器の〕トランジットは日本への核兵器『持ち込み』（イントロダクション＝常時配備）の禁止を犯すことにはならないという理屈に、国民の理解と支持をとりつけようと日本政府が努力するとは、実際問題として考えられない。

（略）

最小限、われわれは（略）この問題をめぐり、われわれの公然たる立場のちぐはぐさが拡大することのもたらす犠牲と危険について、日本政府の重要関係者らに折りにふれて認識させせつづけること［が必要である］」

日米核密約にもとづく核兵器トランジットの「自由」を決定的に脅かし始めたのは、またしても日本国民の非核の世論と運動でした。神戸市議会による、核を積んだ艦船の全面寄港拒否（いわゆる「非核神戸方式」）の全会一致決議は、わが国の非核自治体運動のさきがけとなっただけでなく、やがて原水爆禁止運動を通じてニュージーランドに伝えられ、一九八〇年代後半における同国政府の国策としての非核政策を決定するうえで重要なきっかけとなりました。

ラロック氏は自らの証言の意図を語った

ところで、一九七〇年代における日本の非核三原則厳守・核持ち込み拒否の国民的機運に決定的なはずみをつけたラロック証言は、いったいどのような背景と動機のもとでおこなわれたのでしょうか。私は二〇〇三年三月に訪米して、ラロック氏と会う機会を得たときにたずねてみました。当時八五歳のラロック氏は、証言の背景を明快に説明してくれました。

「あの証言をした動機は、きわめて単純なものでした。証言は（略）上院の委員会の分科会でおこなわれましたが、動機は核戦争を避けるということにありました。私には、あのころ、核戦争の危険が増大しているように思えたのです。

もう一つの動機は、日本国民に対して公正でなければならないという思いでした。そして、日本国民が自ら適切だと考えるどんな行動をもとれるようにする必要があると思ったのです。核兵器をとりまく秘密は常にきわめて大きなものがありました。私の気持ちは、核兵器を世界中に持ち込むことは、核戦争の危険を減らすどころか増大させることになるというものでした。

私は、日本への核持ち込みを認めない日本の非核三原則をよく知っていました。もし日本政

ジーン・ラロック（1918-2016）
（UPI＝共同）

府の国策と日本国民の願いに反して私たちが日本に核兵器を持ち込んでいることを認めない場合、そのことで、アメリカ人である私たちは詐欺にも等しいことをしていることになると感じていたのです。これらが、私のあの証言の動機でした」

ラロック氏は、日本の非核三原則に共感し、アメリカの核兵器の海外持ち込み政策に対する自らの批判とも重ね合わせて、あの大胆な証言をおこなった動機を語ってくれたのでした。

私はラロック氏に、彼の信念にもとづく証言が、「非核神戸方式」の実現に大きな影響を及ぼしたことを伝え、それを知っていましたかと聞きました。するとラロック氏は、「知らなかった。たいへん感動した」と率直に喜び、次のような神戸市民への連帯のボイス・メッセージを私のテープレコーダーに吹き込んでくれたのでした。

「軍人生活の大部分を核戦争の立案計画にたずさわった人間として、私は神戸のみなさんに対し、核兵器を存在させないようにする模範を世界に示されていることに心から祝福の言葉を送ります。

もっぱら個人個人、小さなグループ、そして世界中の諸都市の努力を通じて、核兵器の使用や持ち込みを阻止する同じような決議や文書を出すことにより、他の国々に対する灯台としての役割をはたすことができるでしょう。それは、核兵器がいかに危険なものであるかを、劇的に示すことになるでしょう。

今日、アメリカでは、大統領の国家安全保障担当補佐官が、イラクがもし化学兵器を使えば、われわれ、つまりアメリカは、報復として核兵器を使ってもかまわないと、はっきり明言しました。これは、核兵器を使用する可能性がいまも存在していることを明確に物語っています。もしそうなれば、不幸なことに、核兵器を持つ別の兄弟関係の国々に、彼らも核兵器を使ってもよいという手本を示すことになるでしょう。

神戸のみなさんのご健闘を祈ります」

「非核神戸方式」とニュージーランドの非核法

アメリカ政府の核兵器の所在を「否定も肯定もしない」政策（NCAD政策）の破綻を促進したのは、核を積んだ艦船の寄港に対する各国での反対のひろがりでした。とりわけ、「非核証明」なしには外国艦船の寄港を認めないとする政策を、日本の神戸市当局やニュージーランド

政府が実施し始めたことは、決定的な痛手となりました。

主権者であるその国の国民を、「見ざる聞かざる」状態に追い込みながら、アメリカの核使用戦略の道連れにする核持ち込みと「否定も肯定もしない」政策の押しつけ。それが、いまや非核の立場から平和と住民の安全を求める主権と自治のための政策と正面衝突し、後者が前者を乗り越えはじめたことをはっきりと示したのです。

日本の神戸市議会が「核兵器を積んだ艦艇の入港を一切拒否する」決議を全会一致で採択したのは一九七五年三月でした。それにもとづいて神戸市当局は、神戸港に入港を希望する外国艦船は「核兵器を積んでいない」という「非核証明書」を提出しなければ入港を認めない措置、すなわち「非核神戸方式」をとることにしたのです。

この方式が採用されて以来、それまで神戸港に頻繁に寄港していた米海軍艦艇の立ち寄りは完全に絶たれました。この「非核神戸方式」は、日本国内だけでなく、国際的にも大きな影響を与えます。とくに非核政策をかかげて選挙に勝利したニュージーランド労働党のロンギ政権は、一九八五年以来、非核政策の実施を声明していましたが、その後、同国の平和活動家を通じて「非核神戸方式」のことを知り、やがてこれを政府の政策として具体化することになったとされています。

長らく兵庫県原水協理事長などをつとめた大川義篤氏は、この経過を次のように記していました。

「ニュージーランドでは、国の政策として『核兵器を積んだ艦艇の入港拒否』を打ち出し、一九八七年六月『ニュージーランド非核地帯・軍縮・軍備管理法』を制定しました。このニュージーランドの非核法は、『神戸方式』から学び採ったものでした。一九八六年四月に開催された沖縄国際会議に参加していたニュージーランド平和評議会議長オブライエン氏は、兵庫県代表から『神戸方式』の報告を聞き、これをロンギ首相（労働党党首）に紹介したのです。核兵器の持ち込みに反対を表明して選挙に勝利していたロンギ首相は、さっそくこれを政府の政策とし、議会を通過させたのです」[*1]

日本での非核自治体づくりの運動や核持ち込みの追及は、自民党の懸命の抵抗にもかかわらず全国にひろがってゆきました。市民団体「非核の政府を求める会」主催の非核自治体運動シンポジウム（二〇〇一年一一月二四日）での、日本非核宣言自治体協議会の梅原美佳子事務局次長（長崎市平和推進室係長）の報告によれば、わが国で非核宣言をおこなった自治体は、一九八〇年以前が一一であったのが、一九八〇年代に入って増え始め、一九九〇年までに計一七八七自治体、二〇〇一年までに二六〇〇自治体に達しました。これは全自治体数の四分の三を越す、とてつもない数なのです。

一九九一年の戦術核兵器の海外からの引き揚げ

一九八〇年代以降、アメリカの核を積んだ艦船や航空機の立ち寄りは、日本やニュージーランド以外でも、フィリピン、中国、エジプト、デンマーク、アイスランド、スウェーデン、ベルギー、スペイン、カナダを含む一連の国々で批判の的になりました。アメリカ国内でさえ、ボストンやニューヨークで、核兵器を積んだ艦船の母港化に反対する運動が展開され、住民の支持で成功を収めたのです。

米海軍外郭団体の雑誌『ネイバル・インスティチュート・プロシーディング』は一九八六年に、「艦船や基地における核兵器の所在を否定も肯定もしない」政策の矛盾を取り上げた論文を掲載しました。その筆者は退役した海軍大佐とアメリカの議会図書館の海軍問題分析官でした。

論文は、長年にわたって核持ち込みの事実を同盟国国民の目から隠してきた「否定も肯定もしない」政策そのものが破綻しつつあると指摘し、核兵器問題が「政治的嵐」を引き起こそうとしているとのべています。

要するに、他国に出入りする「ハダカの核の王様」をアメリカ政府が煙幕でくるんで、見て

はならぬと押しつけたのを、「非核神戸方式」やニュージーランドの非核法が、煙幕を吹き飛ばし、「ハダカの王様」を通さないようにしたということです。アメリカのひそかな核持ち込みのやり方は窮地に立たされたわけです。

そして、一九九一年九月二七日にブッシュ大統領（父）が戦術核兵器の海外からの引き揚げ政策を表明します。それによって、空母や巡洋艦、攻撃型原子力潜水艦などに常時積んでいた核兵器を、「平時」には積まないことになりました。

また、西ヨーロッパを除き、戦術戦闘機や戦闘爆撃機に装備する戦術核爆弾を、「平時」には外国から撤去することにしました。これとあわせて核砲弾など陸軍のいわゆる戦場用核兵器を全廃しました。

こうした戦術核兵器の海外からの大幅撤退政策は、その後一九九四年にクリントン政権のもとでおこなわれた核態勢見直しまでの期間に、若干手直しが加えられ、海兵隊から核兵器機能が外され、空母上の核訓練や核弾薬庫警備の海兵隊員配備も取りやめになりました。

結局、「平時」には、西ヨーロッパの若干の国の米空軍基地に戦術核爆弾を常駐させるほかは、「有事」に海外に再持ち込みする目的でそれらの戦術核兵器をアメリカ本国に貯蔵することになったのです。現在、有事配備用として指定されている戦術核兵器は、核弾頭付き巡航ミサイル・トマホークや空軍用の戦術核爆弾などです。

本質は核兵器の有事配備政策

しかし、この一九九一年の戦術核兵器の海外からの引き揚げ政策は、海外での核兵器配備の放棄そのものを目指していたわけではありません。状況しだいで先制核攻撃ができる態勢を維持するために、有事に海外に核兵器を持ち込んで使用できる仕組みを温存しているのです。それを大前提としたうえでの海外からの引き揚げ政策なのです。本質は、核兵器の配備形態を常時配備型から有事持ち込み型に変えたに過ぎません。

まさにそうした目的のために、アメリカ政府は「否定も肯定もしない」政策（NCND）をとっていたわけです。それは、一九九一年の戦術核兵器の海外からの引き揚げ表明の直後から、アメリカ政府によって明確に示されています。

たとえばウルフォウィッツ国防次官がそうした発言をおこなったアメリカ政府高官の一人です。彼は一九九一年九月三〇日、「否定も肯定もしない」政策は「死んでいない」と強調しました。その理由として、「大統領が指摘した通り、将来の危機においては、核兵器を再配備する必要に迫られる可能性がある」からで、「そうなることは望まないが、その可能性を排除するわけにはいかない」からだとのべました。

つまり、戦術核兵器の海外からの引き揚げ政策は、言い方を変えれば戦術核兵器の有事配備政策なのです。「平時」には海外から引き揚げるが、「有事」には再び配備するというものです。

この場合の「有事」とは、アメリカ政府が「危機」だと判断したときや「戦時」を意味するのですから、自己判断による「有事」の一方的な認定が前提とされているわけです。つまり、アメリカ政府が「有事」だと認定すれば、海外での核兵器配備を進めるということにほかなりません。

巡航ミサイル・トマホーク（米海軍）

この新しい政策の発表に当たって、ブッシュ大統領（父）は、「通常の状況では艦船は戦術核兵器を積んでいない」が「将来の危機に際して必要な場合に利用される」と明言し、このためにアメリカ本国に持ち帰ったこれらの戦術核兵器を「中央地域」、すなわちアメリカ本土に保管するとのべました（一九九一年九月二七日）。

また、コリン・パウエル統合参謀本部議長（その後、国務長官）は、その時点で約一〇〇発の核弾頭付き巡航ミサイル・トマホークが米海軍艦船に積み込まれていたことを明らかに

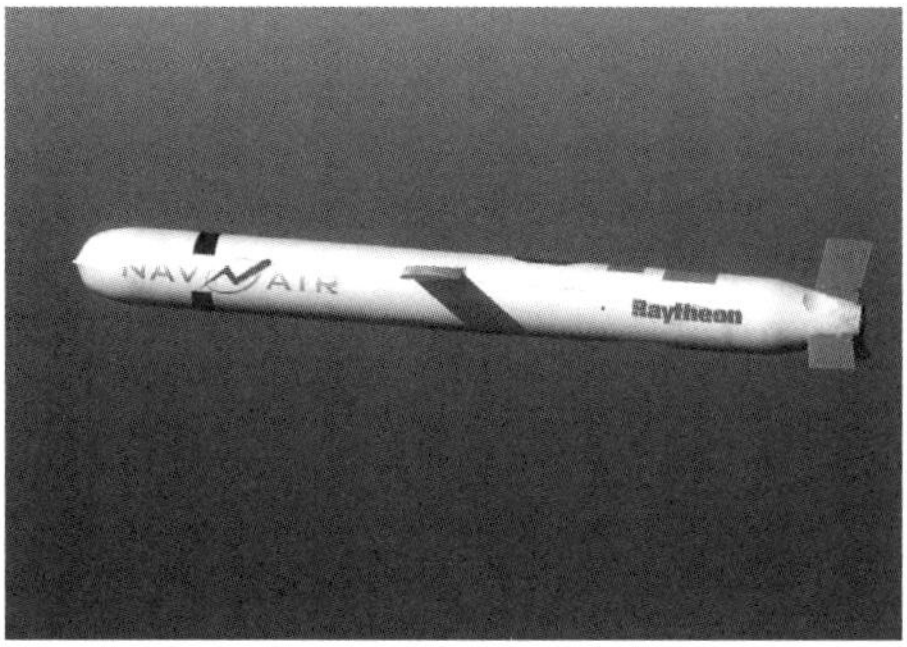

するとともに、新政策に伴い、そのすべてが撤去されるものの、「それらは米本国に持ち帰り、再び艦船に積載する必要が生じたときのために貯蔵され保持される」と明言し、核巡航ミサイルのための要員訓練も続けるとのべました（同年九月二八日）。

このように有事核配備政策は、先制核攻撃政策と一体のものです。さらに「核兵器の所在を否定も肯定もしない政策」によって、その実態はいっさい秘密にすることが可能です。

こうして、海外へのアメリカの核兵器配備政策は、先制核攻撃政策、そのための有事配備、その全容を隠す「核の所在を否定も肯定もしない」秘密主義という、三本柱からなっているのです。

なぜ戦術核の海外常時配備は修正されたか

戦術核兵器の海外からの引き揚げ政策の背景には、二つの大きな要因がありました。

一つは、当時、崩壊過程をたどっていたソ連にも、アメリカと同じように戦術核兵器の海外からの引き揚げをしてもらいたい、というメッセージを込めた措置でした。実際、ソ連側とのやりとりを経て、ソ連もその直後に同様の政策を表明し、実行しました。**ただし、ソ連の引き**

揚げ政策には、「有事における戦術核兵器の再配備」は含まれていませんでした。

もう一つは、アメリカの一連の同盟国とのあいだで核持ち込み問題をめぐって激化していた政治的軋轢、とくに核兵器を積んだ米軍艦の寄港への反対の高まりへの対処策でした。この政治的軋轢は軍事同盟の存続に危険信号を灯していました。

核兵器政策の面に限定しても、アメリカ政府が伝統的にとってきた、核兵器の所在を「否定も肯定もしない」秘密政策は、かつてなく矛盾を深めていました。この政策は、日本やニュージーランドにおける核持ち込み反対の世論と運動によって、批判の対象とされました。そして、核不拡散条約（NPT）にもとづく核兵器独占体制の存続上、核保有国側に最小限求められる核兵器の「透明性」を、アメリカ自身がふみにじっている代表的な例として、国際社会の批判も強まりつつあったのです。

アメリカの代表的なシンクタンク、ブルッキングズ研究所は、「マンハッタン計画」以来のアメリカの核兵器の歴史が、どれほどの失費と結末をもたらしたかの総合的研究に関する報告書の中で、次のように指摘しています。

「核をめぐる秘密は時折、親密な同盟諸国との関係を混乱させ、それによってアメリカの外交関係を複雑化させた。そのうえこれは時たま、核兵器のいっそうの拡散を防ぐというアメリカの中心的な政策目標を妨げた。アメリカ外交に軋轢をもたらしている秘密政策の一つは、過去あるいは現在の、アメリカと海外の特定の地点におけるアメリカの核兵器の存否について、『否定も肯定もしない』という国防総省の政策である」

　報告書はさらに、「日本で、またスカンジナビア諸国で、アメリカの核兵器の所在をめぐる不安や嫌疑が根強かったが、もっとも劇的な例は一九八〇年代半ばのニュージーランドだった」とのべたうえで、九一年の戦術核兵器の海外からの引き揚げにいたる経過にふれ、「ブッシュ大統領の国家安全保障担当補佐官ブレント・スコウクロフトは、日本とスカンジナビア諸国と南太平洋での米艦船寄港に対する反対のひろがりを鎮めようとの計画的な企てにそい、ディック・チェイニー国防長官に一年にわたって〔核〕兵器を外すよう『圧力をかけた』と報じられている。チェイニーの上級補佐官らは〔攻撃型原子力〕潜水艦に配属された非戦略兵器〔＝核弾頭付き巡航ミサイル・トマホーク〕の取り外しに抵抗したが、ケルソ海軍作戦部長がこの提案に異論をとなえなかったため退けられた」と指摘しています。[*2]

　大統領補佐官だったスコウクロフト自身ものちに、当時を回想して次にように書いています。

「一連の国々が、核兵器を積んだアメリカの艦船の寄港を許したがらなかった。海軍の政策は、核兵器の存在を否定も肯定もしないというものであったが、それ自身が――とくに日本とニュージーランドとの関係で――問題を生みだしていた」[*3]

アメリカの核持ち込み政策と「否定も肯定もしない」政策は、日本やニュージーランドをは

じめ、一連の国々における核持ち込み反対、とくに核兵器を積んだ米軍艦寄港反対運動と世論の高まりによって、深刻な矛盾を生みだしていたのです。「否定も肯定もしない」政策の政治的破綻は、すでに明らかでした。

核兵器について「否定も肯定もしない」政策を採用した背景

もともと、核兵器について「否定も肯定もしない」政策がとられたのは、日本で核持ち込み問題をめぐる政府と世論の対立が激化していた一九五八年一月はじめのことでした。ホワイトハウス、国務省、国防総省、ＣＩＡなどの首脳からなるアメリカ政府中枢の政策調整機関、「行動調整協議会」（ＯＣＢ）が公式に採択することを決め、そのすぐあとに国務省がこれを政策化したのです。

総合的に判断すると、この政策は日本の国民の非核世論を封じ込めて、核持ち込み反対の世論が国際的に拡大するのを阻止する防壁をつくることに、最大の狙いがあったとみられます。

なぜ「否定も肯定もしない」政策を採用したかの直接の理由として、元アメリカ政府関係者らは次の三点をあげてきました。

(1) 米戦術核兵器を海外に配備しつづけるには、外国の国土と港に大きく依存しなければならないが、その国の国民に知られて反対されると配備をつづけられなくなるので、その絶体絶命の矛盾を回避するためであった。

(2) この政策は核兵器を持ち込んだ相手国政府の強い要望にもとづいていた。

(3) 核持ち込み秘匿政策は、とくに日本国民の核持ち込み反対の運動や世論、非核感情と明らかにかかわっていた。

こうして、「否定も肯定もしない」政策は、「核アレルギーの感染源」である日本を隔離防壁で取り囲み、とくに日本の世論に核持ち込みの現実をいっさい知らさないようにして、アメリカ国外での核配備を脅かす国際世論を未然に封じ込めることを狙っていたのです。

ところが、その「否定も肯定もしない」政策が事実上、政治的に破綻したわけです。同盟国である相手国の国民の反対を無視して核兵器を持ち込んだ国――とくに日本で、アメリカの核兵器行動を秘匿する同政策の「神通力」が失われ、かえって同盟国の国民に目かくしをしながら核持ち込みを強行しているアメリカのやり方に批判が集まるという、大きな変化が起きたのでした。

非核三原則の厳守の重要性

このような事情から、これまで「非核神戸方式」への激しい非難が、アメリカ領事館、在日米軍、米海軍などの首脳によって公然とくりかえされてきました。また神戸市の非核港湾化の先例に続こうとする全国各地の自治体に対し、日本政府と自民党からの集中的非難も寄せられてきました。

2015年に「非核神戸方式」決議の40周年を記念しておこなわれた市民行進（神戸市）

さらに、非核三原則見直しを求める発言を日本政府の閣僚がしたり、外務大臣の私的諮問機関が非核三原則見直しの報告書を出したりしています。その報告書は小泉純一郎内閣での川口順子外相の私的諮問機関「外交政策評価パネル」（座長・北岡伸一東京大教授）によるものです。報告書では、「国民の明確な理解を得ていない」ように思われる非核三原則問題について、「実は二・五原則だったというべきではないか」という主張が展開されています。そして、北朝鮮問題をも口実にして、核兵器を積んだ米軍艦の一時寄港は許容すべきだととなえています。つまり「核兵器を持ち込ませず」という非核三原則の一つを否定する提言なのです。それは、唯一の被爆国国民による非核の日本と非核のアジア・世界への前進の歴史を、公然と逆行させようとするものです。

一九九一年のアメリカ政府による海外からの戦術核の引き揚げ以後、ソ連崩壊や「冷戦終結論」などを通じて、「核兵器問題は過去のこと」という風潮がひろがり、日本国民のあいだに事態を見誤らせる傾向を生みました。

わが国で長年にわたって取り組まれてきた核持ち込み反対、非核三原則の「核兵器を持ち込ませず」の厳守・非核三原則の法制化の実現をめざす国民的な運動の重要性が、一層増しています。核兵器の海外配備に反対し、日本とアジア・世界の非核化を求めるより積極的な国際的発言が望まれています。

非核三原則厳守・核密約破棄・日本の非核化の実現を推進する新たな機運と世論をひろげることは、すみやかな核兵器廃絶実現への取り組みと一体の重要な動きとなるでしょう。それは、対米従属の日米軍事同盟から脱して、わが国が唯一の被爆国にふさわしく非核・平和の自主的な道へと進むことにもつながるはずです。

注

1　大川義篤『非核「神戸方式」』(兵庫部落問題研究所、一九九二年)

2　Schwartz, Stephen I. (ed), Atomic Audit:The Cost and Consequences of U.S. Nuclear Weapons since 1940,Brooking Institution Press,1998

3　Bush,Geroge and Scowcroft,Brent、A World Transformed,Vintage Books,1998

あとがき

核兵器禁止条約とラロック元提督との対話

2020年10月25日、核兵器禁止条約の批准50カ国・地域到達を祝って、
長崎市の平和公園集会に集まった人たち（共同通信イメージズ）

戦後日本と核兵器の関係を見るとき、何よりもまず第二次大戦における広島と長崎への原爆投下と、そのことによる非常に多くの原爆被災者の苦しみや悲しみ、そしてあのような大量殺戮兵器の使用を絶対にくりかえさせてはならないという、国内国外の強固な原水爆禁止運動があることを忘れてはならないと思います。

なかでも今年は、世界中の人々の長い長い努力によって、二〇一七年（七月七日）に国連で採択された核兵器禁止条約が、ついに発効の日を迎える（二〇二一年一月二二日）という歴史的な年になりました。長年核兵器の禁止運動に関わってきた人間として、これほど嬉しいことはありません。

しかし喜んでばかりはいられません。そこには一つ非常に重大な問題があるからです。**それは私たちの住む日本が、世界で唯一原爆の惨禍を浴びた国であるにもかかわらず、戦後は国土全体がアメリカの核戦争基地として、核兵器によるアメリカの世界覇権の維持に全面的に協力させられ、その結果、本来なら、どの国よりも先駆けて発効に向け努力すべきだった核兵器禁止条約を批准できないという、とうてい見過ごすことのできない問題です。**

この大きく矛盾する状況のなかで、私たちは今後、いったいどのような選択をしてゆけばいいのでしょう。

その問題を考えるとき、大きな勇気を与えてくれるのが、本書でこれまで見た通り、**アメリカ政府および軍部には、核兵器による軍事覇権を目指すうえでのあまりに非人道的な姿勢と行動が存在する一方、アメリカ人およびアメリカ社会には、それに真正面から「ＮＯ」を突きつける強固な民主主義の伝統があるということです。**

後者を代表する人物のひとりが、本文中でも少し触れた、元アメリカ海軍の提督、ジーン・ラロック氏です。

もう半世紀近く前の一九七四年、退役後まもないラロック元提督は、アメリカ議会で核兵器を積んだアメリカ軍艦船の頻繁な日本への寄港について証言し、日本では大きな反響を呼びました。

ラロック氏は一九一八年生まれでしたが、一九七二年に海軍を退役すると、仲間の何人もの元米軍高級将校たちとともに、

「巨額の軍事費は、大幅に削減すべきだ」

「核戦争の危険をはらむ大規模な軍拡は、やめるべきだ」

と広く米国の一般市民に呼びかける活動をおこなっていました。そして国民にアメリカの軍事の実態を知ってもらおうと、軍事情報をわかりやすく伝える小さな月刊誌も刊行していました。

ラロック氏や彼と共に行動していたかなりの数の米軍の元高級将校たちの発言は、アメリカ国内でも注目され、ラロック氏は「ニューヨーク・タイムズ」紙などにもしばしば寄稿し、軍需産業とは無縁の、戦争と平和に関する本当の軍事情報を発信し、内外の多くの人々から尊敬されました。

あとで知ったことですが、ラロック氏はベトナム戦争中の一九六八年に、何人もの軍幹部が参加したベトナム戦争調査団の団長として、ベトナムの戦場を長期に視察したあと、米国防総省などに「米国はベトナム戦争で勝てない」との趣旨の報告書を出したため、軍上層部から執拗ないやがらせを受けた経歴を持った幹部だったのです。

私は一九八一年に、山口県岩国の米海兵隊基地に核兵器専門部隊が存在しているという、アメリカのコマー国防次官の米議会証言を、米議会議事録でたまたま見つけたことがありました。そしてその年に、その問題の調査のため訪米して初めてラロック氏にお目にかかったのですが、その後も交流は続き、二〇〇三年にはワシントンでインタビューにも答えていただきました。

（巻末資料参照）

ラロック氏以外にも、アメリカ社会には圧倒的に強大な国家権力や軍産複合体に対して、真正面から堂々と対峙し、その歪んだ実態を明らかにし、社会を正常な方向へ立ち帰らせようと

粘り強く努力を続ける個人や社会勢力が数多く存在します。

たとえば「ニューヨーク・タイムズ」は二〇一七年からほぼ二年間をかけて、ベトナム戦争を回顧する大特集をやりました（二〇一七年というのは、ベトナム戦争へのアメリカ国民の批判が最も高まった一九六七年からちょうど半世紀後というタイミングです）。

そのベトナム戦争回顧特集は、数日おきにさまざまの形の記事や回想記を掲載したり、あるいはベトナム戦争とはなんだったかの解明とか関連読みものなどを、まる二年間にわたり紙面に掲載され続けたのです。

ある日の記事は、かつて米軍が北緯一七度線のすぐ南の地域で、ベトコン（南ベトナム解放民族戦線）支持派の住民めがけて米軍機が空から攻撃を始めたとき、一人の女性が高射機関砲を米軍機に向けて反撃し、ついに撃墜したことをとりあげていました。「ニューヨーク・タイムズ」は米軍機を撃ち落としたそのベトナムの女性を探し出し、彼女の長文のインタビューを掲載していました。

また、一九六七年一〇月二一日にはワシントンでベトナム戦争に反対する一〇〇万人集会がおこなわれ、その日の夜は、参加者たちの多くが隣のバージニア州の国防総省まで徹夜の行進をおこなって抗議しましたが、「ニューヨーク・タイムズ」はその歴史的抗議行動をふりかえる数ページ連続の大型特集を掲載。半世紀前の大集会に参加した人を一〇〇人ほど探し出し、一人ひとりの回顧談を、半世紀前の肩書きといまのものもきちんと付けた氏名入りの特集として、くわしく報じていました。

私自身がアメリカに行ったときも、こんなことがありました。

官庁や各国大使館が建ち並ぶ界隈で、ワシントンの簡易宿（BED AND BREAKFAST）に泊まったとき、宿の女主人が、私が米国立公文書館で文書探しをしていると知ったら、

「ぜひエルズバーグ※に会いなさい」

というのです。ちょうどそのころ、トンキン湾事件を主題にした政府追及のエルズバーグの著書が発売された直後でしたが、フロントにはエルズバーグの本が一〇冊以上積み上げられていて、女主人はそれらを宿泊客にしきりに勧めていました。

相手が世界の軍事覇権を握るアメリカの軍部といえども、非民主主義な行為は絶対に許さず、粘り強く戦う。そういう米軍の元幹部まで含んだアメリカの民衆の、「民主主義は自らの手で守るべきものである」という強い確信と具体的な行動に、私たちは学び続ける必要があると思うのです。

※　ダニエル・エルズバーグは元アメリカ国防総省の軍事アナリスト。一九七一年に、かつて自らも執筆に加わったベトナム政策決定過程に関する国防総省の極秘文書「ペンタゴン・ペーパーズ」を「ニューヨーク・タイムズ」や「ワシントン・ポスト」などにリークし、スパイ防止法違反に問われた。

日本でも、毎年八月の原爆投下の日、広島市と長崎市の爆心地において、原爆犠牲者を追悼する両市主催の平和祈念式典がくりかえされています。原爆で亡くなった人々を追悼しながら、市民たちが核兵器の使用へのきびしい告発を続けているのです。

核兵器禁止条約が国連で採択された翌年、二〇一八年の原爆の日に広島と長崎の両市長は、あの日原爆がもたらした惨状を、それぞれの「平和宣言」のなかでリアルに描写しました。

「摂氏百万度を超える火の球からの強烈な放射線と熱線、そして猛烈な爆風。立ち昇ったきのこ雲の下で何の罪もない多くの命が奪われ、街は破壊し尽くされました。『熱いよう！痛いよう！』潰された家の下から母親に助けを求め叫ぶ子どもの声。『水を、水を下さい！』息絶え絶えの呻き声。唸り声。人が焦げる臭気の中、赤い肉をむき出しにして亡霊のごとくさまよう人々。随所で降った黒い雨。脳裏に焼きついた地獄絵図と放射線障害は、生き延びた被爆者の心身を蝕み続け、今なお苦悩の根源となっています」（広島市の松井一實市長）

「真夏の空にさく裂した一発の原子爆弾により、長崎の街は無惨な姿に変わり果てました。人も動物も草も木も、生きとし生けるものすべてが焼き尽くされ、廃墟と化した街にはおびただしい数の死体が散乱し、川には水を求めて力尽きたたくさんの死体が浮き沈みしながら、河口にまで達しました。

一五万人が死傷し、なんとか生き延びた人々も、心と体に深い傷を負い、今も放射線の後障害に苦しみ続けています」（長崎市の田上富久市長）

そして両市長は、「核兵器禁止条約」を批准しようとしない日本政府に対し、平和祈念式典に出席していた安倍首相（当時）の面前で、真摯な対応を強く求めたのです。

松井広島市長は、

「日本政府には、核兵器禁止条約の発効に向けた流れの中で、日本国憲法が掲げる崇高な平和主義を体現するためにも、国際社会が核兵器のない世界の実現に向けた対話と協調を進めるよう、その役割をはたしていただきたい」と求めました。

田上長崎市長は、政府は国民の声にそって、核兵器禁止条約に賛同すべきだと呼びかけ、核兵器禁止条約への日本政府の署名を、次の通り強く呼びかけました。

「日本政府は、核兵器禁止条約に署名しない立場をとっています。それに対して今、三百を超える地方議会が条約の署名と批准を求める声を挙げています。日本政府には、唯一の戦争被爆国として、核兵器禁止条約に賛同し、世界を非核化に導く道義的責任をはたすことを求めます」

昨年の八月六日には、国連での核兵器禁止条約の採択に貢献し、ノーベル平和賞（二〇一七年）を受賞した国際NGO「核兵器廃絶国際キャンペーン」（ICAN（アイキャン））のベアトリス・フィン事務局長が、時事通信のインタビュー（八月七日掲載）に答えて次のようにのべていました。

「これまでの核軍縮運動の間違った点は、保有国ばかりに焦点を当ててきたことだ。保有九カ国のほかにそれらを正当化している国々がある。日本や韓国、オーストラリアなどだ。こうした国々が保有国の姿勢を擁護している限り、保有国は条約反対の立場を貫ける」

「日本は核兵器使用の実情を知っているにもかかわらず、（核の傘の下にいることで）他国にも被害が及ぶことを事実上容認している。被爆者の体験と原爆の教訓を無視しているという意味では（保有国と）共犯だ。国民は日本政府が核軍縮のリーダーと思っているかもしれないが、実際は（軍縮が進展しない）問題の一つだ。日本は核兵器禁止条約に参加し、被爆者に敬意を示すべきだ」

同じくICANの国際運営委員として、条約の発効に奔走した川崎哲氏もこうのべています。

「核保有国が入っていないから条約の実効性がないとよく言われるが、誤りだ。これから核保有国は政治的、経済的、社会的な圧力に包囲されていく。核兵器の生産が国際法違反になるため、既に関連企業への投融資を引き揚げた金融機関もある。政治的にも違法兵器を使うことは難しい。対人地雷やクラスター弾の禁止条約の時も、こうした流れで生産や使用が激減した」「日本でも、安全保障に核の抑止力は必要だとの主張が根強い。だが、現代ではサイバー攻撃などが核のリスクを高めている。一瞬で何百万人を殺害する兵器で平和が保たれているとの考えは幻想だ。核兵器廃絶こそが現実主義であり、それを支持する国が多いからこそ条約ができたのだ」（「西日本新聞」二〇二一年一月二三日付）

もし日本政府が、核兵器廃絶という崇高な目標をめざす、こうした全世界の人々の真摯な努力に背を向けて、アメリカの軍事覇権のための危険きわまりない核戦略に協力し続けるとしたら、唯一の被爆国に課せられた歴史的責任はいつの日か必ずそのしっぺ返しとして、きびしい裁きを私たちにもたらすことになるでしょう。

日本政府が核兵器禁止条約を批准し、世界から核兵器を廃絶する国際的な一大共同行動に参加するよう、国民の側から大きな声をあげて政府に迫ることが、いま何よりも重要な課題になっているのです。

資料

①一九七四年の「ラロック証言」＝米議会議事録から日本関連部分

米議会・上下両院合同原子力委員会・軍事利用小委員会の聴聞会記録から

【一九七四年九月一〇日】

サイミントン上院議員（委員長）：（陸上配備のアメリカの核兵器に加えて）地中海や両大洋もふくめて、わが海軍は世界中で、TNT火薬換算にして数億トンにも相当する核兵器を使用できるようになっていますが、そのことをあなた以上に知っている者はいないでしょう。そうではありませんか。

ラロック元米海軍提督：そうでしょうね。少しだけ付け加えたいことがあります。

わが航空母艦は、核戦力を持っています。つまり核兵器を積載できます。

核兵器は、空母以外にフリゲート艦、駆逐艦、潜水艦その他さまざまの艦艇にも積載できますし、多くの場合、いやたいてい実際に、積んでいるのです。ほとんどの人は、このことを知っていません。

私は情報保全対策上、きわめて慎重に話したいので、そういった艦船は核兵器を積載できるとだけ言うことにします。

ただし私の経験では、核兵器を積める艦船ならどれでも核兵器を積んでいます。

そういった艦船は、たとえば日本やその他の国々などの外国の港に入る時、荷を降ろして寄港するのではありません。

核兵器を積載できる艦船なら、通常いつもそれを艦に積載しつづけるもので、例外は艦のオーバーホールとか、大規模修理の時だけです。

②ラロック元米海軍提督とのインタビュー（聞き手＝新原昭治）

（二〇〇三年三月一日・ワシントンDCにて）

新原：きょうはラロックさんから、あなたが一九七四年九月十日の米上下両院原子力委員会の聴聞会でなさった証言、日本への核兵器積載の米空母などの寄港という重要な証言をめぐって、あの証言の動機や背景などについてお話してほしいと思います。

お会いするにあたって、あらためて一九七四年のご証言の米議会議事録を読ませていただきました。

ラロックさんは、核兵器をめぐる軍拡競争＝核軍拡が世界でいっそうひろがっていることを非常に心配されて、核軍縮にふみきらなければならないと力説されましたね。

それとともに、議会証言で、核兵器を積んだ米空母などが日本に寄港していることを、具体的に日本の名をあげて指摘されました。

実は、そこがいちばん大きく注目されて、あの証言が公表されるとすぐ、日本で非常に大きな反響がひろがったのでした。

ラロックさんの証言は、核兵器と日本のかかわりの具体的指摘という点で、実際上、日本人の意識のうえでは、いわば歴史を書き換えるほどの影響力があったと記憶しています。

きょうはラロックさんから、あの証言を中心に、ラロックさんが一体なぜあの証言をなさったのかというそもそもの動機について、お話ししていただければと願っています。

ラロック元米海軍提督：私のあの証言の動機が何であったかと問われるなら、それは非常に単純なものだったと言ってよいでしょう。

サイミントン議員が委員長をつとめられたあの米議会の上下両院合同原子力委員会の軍事応用小委員会に招かれて、証言を求められたとき、私は核戦争を絶対に起こしてはならない、どんなことがあってもそれだけは避けなければならないと、まず強調しました。

あのころ核戦争が起きる気配が、世界で増大しつつありましたので、私はそれを非常に心配し、憂えていました。それがあの証言の背景になった第一の動機でした。

同時に、私の証言にはそれに加えて、実はもう一つ重要な動機があったのです。

それは、日本国民に対して公平でなければならないということでした。

私はそのことを、日ごろからしきりに思ってきましたので、それをああいう形で発言したのでした。

日本国民が核兵器の問題で、自分たちでこれが適切だと考えることを、それがどんなこと——どんな態度や行動であっても、日本国民が思った通りやれなければならないと強く考えていましたので、それを議会証言でのべたのでした。

実はそれが核兵器の問題で、私がずっと考えていたことです。

アメリカ軍はかねてから、核兵器のことを「特殊兵器」（スペシャル・ウエポン）と呼んできましたが、あれは不可解な用語です。なるほどきわめて〝特殊な兵器〟ではありますが、アメリカ軍は〝スペシャル・ウエポン〟と呼ぶことによって、それがほかならぬ核兵器そのものだというきわめて重大な事実を、いたずらにあいまいにしてきました。

私は世界中に核兵器がひろがってしまったら、核戦争の危険が拡大するばかりだと案じていましたが、それだけでなく日本の「非核三原則」についても、よく知っていました。

日本はその「非核三原則」で、日本に核兵器を持ち込むことを許さないと決めていましたから、日本の非核三原則と、その非核三原則を厳守しなければならないという日本国民の切実な願いにさからって、アメリカが日本に核兵器を持ち込んでいることに、私たちアメリカ人が知らないふりをしつづけるとしたら、日本の人々に対して非常に不正直なことをしていることになるとずっと感じていました。

私が一九七四年に米議会であの証言をおこなったそもそもの動機は、そういう私の考えにもとづくものだったのです。

新原：ラロックさんが大きな注目を浴びられたあの議会証言の、肝心の意味がよくわかりました。それからまた、なぜラロックさんがとくに日本に関連させてあの証言をおこなわれたかという理由を、くわしく説明していただき、よく理解できました。あなたご自身から見ても、証言がまきおこした大きな反響は、なんというか、劇的だったと言ってもいいでしょうか。

ラロック：とても驚きましたよ。

実は私はわが軍の内部に見られることのある偽善的態度を、決して快く思っていませんでした。直截な返事をことさら避けながら、知らぬふりをするあの姿勢のことです。海軍がこのディセンブル（dissemble）ということば〔真実を隠す、偽る、しらばっくれる、などの意〕を最初に使ったと思います、

核兵器が積まれているかどうかを〝否定も肯定もしたくない〟、と言って、オーストラリアの領海にわが軍の艦船を寄港させようとした際、オーストラリアの人々にとって非常にいかがわしい存在だった核兵器の積載を、否定も肯定もしないようにしたのです。日本においても、はっきりイエス（積んでいる）と言えるはずだったにもかかわらず、〝否定も肯定もしない〟と、公明正大でないやり方をとりつづけたのです。

要するに、イエスとかノーと言おうとすれば言えたのに、他国港湾へのアメリカ軍艦の寄港をじゃまされたくないというだけの理由で、米海軍の内部ルールとして、「（核兵器の存在を）否定も肯定もしない」というやり方をつくってしまったのです。これは、法律でもなんでもありませんでした。

新原：私も、アメリカの米国立公文書館で調べたことがありますが、米艦船などにおける核兵器の存在について「否定も肯定もしない」（ＮＣＮＤ）という対処のしかたをするというアメリカ海軍の内部規則は、一九五八年一月にはじめて内部的ルールにされていました。

一九五八年といえば、いよいよ日本との関係で日米安保条約を改定して、核兵器を積んだ米軍の艦船や航空機を、自由に制約されることなく日本国内で行動できるようにしようと、新しい日米密約をつくることをアメリカ政府が考え始めていたと見られる時期ですか

ら、まさにその時期に、核兵器の存在を「否定も肯定もしない」というおかしな〝ルール〟づくりをして、日本の核戦争基地化を狙い、計画していたのだなと思ったものです。

圧倒的多数の日本国民は核戦争を強く忌避していますし、原水爆の禁止を求める大きな国民的運動をひろげてきています。

あなたは、きょう、私が問題にしました日本と関係する核兵器の持ち込み問題について、この問題の選択の権利は日本国民にあり、日本国民がそれを行使すべきだという重要な判断をされて、あの証言をされたということをはっきり教わりました。私はあなたに深く感謝するとともに、あなたのそのご判断を心から称賛します。

ところで、あなたの一九七四年の議会証言への重要な反応の一つが、約半年後に、日本の有名な港湾都市、神戸市で起きていました。

一九七五年三月一八日、神戸市議会が全会一致で、「神戸港は市民に親しまれる平和な港でなければならない。この港に核兵器が持ち込まれることがあるとすれば、港湾機能の阻害はもとより、市民の不安と混乱は想像に難くないものがある」との立場から、「よって神戸市議会は核兵器を積んだ艦艇の神戸港入港を一切拒否するものである」という決議を、全会一致で採択したのです。

神戸港へのいかなる国の核兵器の配備も持ち込みも、すべて禁止するという大事な決議でした。

これにつづいて、この市議会決議にそい、神戸市長が神戸港に入港しようとするすべての外国の軍艦は、事前に自分たちの艦船に核兵器が持ち込まれていないという証明書を提出しなければならないと決めて、それを提出しないなら入港を認めないという措置をとったのです。

この決定は、その後ずっと守られつづけています。

このやり方のことを、私たちの国では「非核神戸方式」と呼んでいます。

日本政府やアメリカ軍から若干の圧力や干渉も時たま加えられることがありますが、「非核神戸方式」は、日本とニュージーランド、そして世界中で、非核の実現のための灯台（ビーコン）の役目を果たしています。

ご存じだったでしょうか。

ラロック：いや、知りませんでした。すっかり感激しています。

私はすべての市町村、すべての国で、核兵器を受け入れないようにするのが、われわれの目標であるべきだと考えています。また、市町村から始まった運動には、中央政府が耳を傾けるべきだと思っています。

なお、このインタビューのあと、ラロック氏は、同年三月一八日に神戸で開かれる「非核神戸方式」の二八周年記念集会のために、本文中に収録したメッセージを録音してくれました。

私が三月一八日の神戸でのその集会で、ラロック氏とのインタビューのいきさつを説明し、同氏は「非核神戸方式」のことを知らされていなかったと私が話したところ、参加者から「へー」とか「驚いた」という声が一斉に起きました。

そこで、私はラロック氏の同集会宛てのメッセージの録音をいっしょに聞きながら、その内容を伝えたところ、満場からのすごい拍手で迎えてくれました。

私がそのことをラロック氏にすぐ伝えたのは、いうまでもありません。

主要参考文献

日本原水爆被害者団体協議会編『ふたたび被爆者をつくるな――日本被団協五〇年史』あけび書房　二〇〇九年
藤田久一著『核に立ち向かう国際法――原点からの検証』法律文化社　二〇一一年
椎名麻紗枝著『原爆犯罪――被爆者はなぜ放置されたか』大月書店　一九八五年
椎名麻紗枝著「アメリカの被爆者政策の人類史的犯罪」（『法と民主主義』一九八五年七月号　日本民主法律家協会）
モニカ・ブラウ著　立花誠逸訳『検閲――禁じられた原爆報道』時事通信社　一九八八年
松浦総三著『占領下の言論弾圧』現代ジャーナリズム出版会　一九六九年
川上幸一著『原子力の政治経済学』平凡社　一九七四年
D・D・アイゼンハワー著　仲晃・佐々木謙一訳『アイゼンハワー回顧録』1　みすず書房　一九六五年
青木日出雄著「1958年夏――沖縄のMk7核爆弾」（『航空ジャーナル』誌一九八一年九月号特集『アメリカ核兵器の全貌』航空ジャーナル社）
日本弁護士連合会編『沖縄白書』（『法律時報』一九六八年三月号臨時増刊所収　日本評論社）
坂元一哉著『日米同盟の絆―安保条約と相互性の模索』有斐閣　二〇〇〇年
不破哲三著『日米核密約』新日本出版社　二〇〇〇年
堀江則雄著『もう一つのワシントン報道』未来社　一九八五年
ドウス昌代著『水爆搭載機水没事件――トップガンの死』講談社文庫　一九九七年
エドウィン・O・ライシャワー著『ライシャワー大使日録』講談社　一九九五年
梅林宏道著『在日米軍』岩波新書　二〇〇二年
斉藤光政著『米軍「秘密」基地ミサワ』同時代社　二〇〇二年

東京原水協・東京非核政府の会・東京平和委員会・安保破棄東京実行委員会作成「資料集――米政府公文書で明らかになった小笠原諸島の日米核密約」二〇〇〇年

若泉敬著『他策ナカリシヲ信ゼムト欲ス』文藝春秋　一九九四年

大川義篤著『非核「神戸方式」』兵庫部落問題研究所　一九九二年

新原昭治編訳『資料・解説――米政府安保外交秘密文書』新日本出版社　一九九〇年

新原昭治・浅見善吉著『アメリカ核戦略と日本』新日本出版社　一九七九年

新原昭治著『核戦争の基地日本』新日本出版社　一九八一年

新原昭治著『あばかれた日米核密約』新日本出版社　一九八七年

新原昭治著『「核兵器使用計画」を読み解く』新日本出版社　二〇〇二年

新原昭治著『日米「密約」外交と人民のたたかい』新日本出版社　二〇一一年

Gregg Herken, The Winning Weapon : The Atomic Bomb In The Cold War 1945-1950 ,Alfred A. Knopf, New York ,1980

Kahin,George McT., Intervention:How America Became Involved in Vietnam,Doubleday,, 1986,

Dougan,Clark and Weiss, Stephen,The American Experience in Vietnam,W.W.Norton&Co. 1988.

Schandler,Herbert Y.,Lyndon Johnson and Vietnam:The Unmaking of a President,Princeton University Press, 1977

Westmoreland,William C.,A Soldier Reports, Doubleday&Company,Inc., 1976

Hersh,Seymour M.,The Price of Power:Kissinger in the Nixon White House,Summit Books, 1983

McGeorge Bundy, DANGER AND SURVIVAL: Choices About the Bomb in the First FIfty Years. Random House 1988

Secretaries of Defens Histoerical Series. Vol.VII. MELVIN LAIRD and the Foundation of the Post-Vietnam Military. Historical Office, . Office of the Secretary of Defense. 2015.

Foreign Relations of the United States,1961-1963 Vol.XXII Northeast Asia,

Sherman Adams, FIRST-HAND REPORT, The Inside Story of the Eisenhower Administration. Hutchinson of London. 1961.

Schwartz, Stephen I. (ed), Atomic Audit:The Cost and Consequences of U.S. Nuclear Weapons since 1940,Brooking Institution Press,1998

Bush,Geroge and Scowcroft,Brent A World Transformed,Vintage Books,1998

"HIROSHIMA'S SHADOW: WRITINGS ON THE DENIAL OF HISTORY AND THE SMITHSONIAN CONTROVERSY", edited by Kai Bird and Lawrence Lifschultz. Pamphleteer's Press. Connecticut, USA. 1998.

Dingman, Roger,Atomic Diplomacy During the Korean War,<International Security> 1988/89 Winter

Andreas Wenger, Living with Peril: Eisenhower, Kennedy, and Nuclear Weapons, Rowman & Littlefield Publishers. 1997

アンドレアス・ウェンガー著『危難との共存―アイゼンハワーとケネディと核兵器』米ロウマン&リットルフィールド出版社、一九九七年

Martin E. Weinstein,Japan's Postwar Defense Policy,1947-1968. Columbia University Press, 1971

マーティン・ワインスタイン『日本の戦後防衛政策1947-1968年』（米コロンビア大出版会、一九七一年）

McGeorge Bundy, Danger and Survival: Choices About the Bomb in the First Fifty Years. Random House, 1988

マクジョージ・バンディ『危険と生存』米ビンテッジ・ブックス、一九八八年

＊アイゼンハワーをあぶり出した読み応えのある本です。

FOREIGN RELATIONS OF UNITED STATES. 1958-1960. Vol.19 China. Department of State publication. 1996

『米政府外交文書集（FRUS [Foreign Relations of US・一九五八年～一九六〇年』第19巻「中国」（米国務省編・米政府刊行、一九九六年）

Where they were. How Much did Japan know? (NUCLEAR WEAPONS IN OGASAWARA 特集) — Bulletin of the Atomic Scientists（雑誌）. January- February 2000.

ロバート・S・ノリス、ウィリアム・M・アーキン、ウィリアム・バー「核兵器は父島と硫黄島に配備されていた」（米誌『ブレティン・オブ・アトミック・サイエンティスツ』二〇〇〇年一－二月号）

＊いろんな経過があって同誌の小笠原・核持ち込み特集作成に、筆者も東京から一連の関連資料を送付し参加しました。
Peter Hayes, Lyuba Zarsky, Walden Bello, AMERICAN LAKE: Nuclear Peril in the Pacific, Penguin Asia-Pacific Series, 1986.
ピーター・ヘイズ、リューバ・ザースキ、ウォールデン・ベロ『アメリカン・レイク―太平洋における核の危険』（オーストラリア・ペンギンブックス、一九八六年）
Stephen E. Ambrose, Eisenhower. Volume Two. Simon & Schuster, Inc. 1984
スティーブン・アンブローズ『アイゼンハワー――大統領』第2巻（米サイモン&シャスター社、一九八四年）
Sherman Adams, Firsthand Report: the Story of the Eisenhower Administration. Harper & Brothers, 1961
シャーマン・アダムズ『アイゼンハワー政権見たままの報告』（米ハッチンソン出版社、一九六一年）
William Burr (National Security Archive), US Nuclear History: Nuclear Arms and Policy in the Middle Age 1955-1968.（一九九七年公表）
米ナショナル・セキュリティ・アーカイブ編『米核兵器の歴史――一九五五年〜一九六八年』（米チャドウィック＝ヒーリー社、一九九七年）の〝ガイドと検索〟年表［ウィリアム・バー編］
David Miller, The Cold War: A Military History, 1999
デイビッド・ミラー『冷戦――軍事史』（米セント・マーティン・プレス、一九九九年）
NASH REPORT（一九五七年一二月）
アイゼンハワー大統領の要請で作成された世界の米軍基地問題秘密報告書――「ナッシュ報告」
＊米国立公文書館のRECORD GROUP 59 に所蔵されているナッシュ報告は、最近では全文解禁されています。ただし米国各地の公文書館・大統領文書館では、入手時期やその当時の部分秘密指定のまま、いまでもあれこれの部分を墨塗りしたまま公開しているところもあります。
•米国防総省委託研究レポート『米戦略指揮・統制・警報態勢の展開　1945年〜1972年』（米国防分析研究所作成一九七二年）
•米海軍省委託研究レポート『米航空母艦の戦略的役割』（米国防分析所作成、一九七五年）

新原昭治（にいはら・しょうじ）

1931年、福岡市生まれ。九州大学文学部卒（心理学）。国際問題研究者、ジャーナリスト。「非核の政府を求める会」世話人、「日本平和委員会」理事。著書に、『「核兵器使用計画」を読み解く―アメリカ新核戦略と日本』（新日本出版社）、『日米同盟と戦争のにおい―米軍再編のほんとうのねらい』（学習の友社）、『日米「密約」外交と人民のたたかい』（新日本出版社）など多数。編著書に、『砂川事件と田中最高裁長官―米解禁文書が明らかにした日本の司法』（日本評論社）がある。

「戦後再発見」双書 9

密約の戦後史
日本は「アメリカの核戦争基地」である

2021年2月20日　第1版第1刷発行

著　者……
新　原　昭　治

発行者……
矢　部　敬　一

発行所……
株式会社 創 元 社
https://www.sogensha.co.jp/
本社　〒541-0047 大阪市中央区淡路町4-3-6
Tel.06-6231-9010㈹　Fax.06-6233-3111
東京支店　〒101-0051 東京都千代田区神田神保町1-2 田辺ビル
Tel.03-6811-0662㈹

企画・編集……
書　籍　情　報　社

印刷所……
三松堂株式会社

ISBN978-4-422-30059-7